- 国家自然科学基金资助(项目号：71872081)
- 教育部人文社会科学重点研究基地南京大学长江三角洲经济社会发展研究中心暨区域经济转型与管理变革协同创新中心联合招标重大项目资助(项目号：CYD-2020009)
- 南京大学人文社科双一流建设"百层次"科研项目资助
- 南京大学会计学系学科发展建设经费资助

中国证券分析师与证券公司预测准确性评价研究（2023）

(Earnings Forecast Accuracy Rating for Chinese Security Analyst & Securities Firm, EFA Rating 2023)

林　树　朱荷清　张睿萱　著

·南京·

图书在版编目(CIP)数据

中国证券分析师与证券公司预测准确性评价研究. 2023 / 林树,朱荷清,张睿萱著. —南京:东南大学出版社,2023.11

ISBN 978-7-5766-0958-5

Ⅰ.①中… Ⅱ.①林… ②朱… ③张… Ⅲ.①证券投资-研究 Ⅳ.①F830.91

中国国家版本馆 CIP 数据核字(2023)第 216779 号

责任编辑:张新建　　责任校对:咸玉芳　　封面设计:企图书装　　责任印制:周荣虎

中国证券分析师与证券公司预测准确性评价研究(2023)
Zhongguo Zhengquan Fenxishi Yu Zhengquan Gongsi Yuce Zhunquexing Pingjia Yanjiu (2023)

出版发行	东南大学出版社
社　　址	南京市四牌楼 2 号　邮编 210096　电话 025-83793330
网　　址	http://www.seupress.com
电子邮箱	press@seupress.com
经　　销	全国各地新华书店
印　　刷	广东虎彩云印刷有限公司
开　　本	700mm×1000mm　1/16
印　　张	7.75
字　　数	200 千
版　　次	2023 年 11 月第 1 版
印　　次	2023 年 11 月第 1 次印刷
书　　号	ISBN 978-7-5766-0958-5
定　　价	60.00 元

本社图书若有印装质量问题,请直接与营销部联系。电话(传真):025-83791830

声　明

　　本书是国家自然科学基金(项目号：71872081)、教育部人文社会科学重点研究基地南京大学长江三角洲经济社会发展研究中心暨区域经济转型与管理变革协同创新中心联合招标重大项目(项目号：CYD-2020009)、南京大学人文社科双一流建设"百层次"科研项目、南京大学会计学系学科发展建设经费资助项目的阶段性成果。此书内容仅供学术参考与资讯用途。作者不保证本书内容的精确性及完整性，作者不承担读者使用本书内容导致的任何结果的责任。作者与此书的相关方对于读者使用本书所产生的任何损失或损害，不负任何责任。

前　言

近年来，我国证券分析师队伍伴随着资本市场的发展而迅速壮大。作为重要资本市场信息中介，证券分析师凭借其较强的信息搜集能力和专业分析能力，向投资者提供专业的研究报告，对缓解资本市场信息不对称、保护投资者及促进资本市场健康发展发挥着重要的积极作用。

鉴于证券分析师在资本市场的重要作用，无论是证券分析师群体，还是投资者群体，都需要一个客观公正的证券分析师评价体系。然而国内资本市场中，对于证券分析师的评价，多年来比较流行的是根据"买方投票"数量的形式来给各行业的证券分析师进行排序，这种评价模式具有一定合理性及综合性，但根据买方机构主观打分的方式难免受到分析师专业能力以外的其他因素影响，其客观性、公正性也因此不能得到保证。更重要的是，证券分析师最重要的预测能力在投票这一评价过程中没有得到很好的体现，"买方投票"的评价过程与结果让投资者对分析师真正的证券分析与预测能力仍然无法知晓。鉴于此，我们尝试从分析师的最重要能力——"盈利预测准确性"出发对分析师专业能力进行评价，提供一种更加透明、客观、可验证的分析师评价模式，以期对现存分析师评价体系形成一定有益补充，更为证券投资者乃至证券市场评价分析师提供重要参考。

《中国证券分析师与证券公司预测准确性评价研究(2023)》是我们将研究成果以专著的形式呈现。我们分为三年期和五年期两个时间段来对证券分析师及证券公司的盈利预测准确性表现进行分析评价。通过本书的研究结果，我们可以宏观上看出我国证券分析师行业的发展态势，微观上也可以看出不同证券公司研究所整体研究实力的平稳或起伏变化，对证券分析师及证券公司预测准确性表现形成更加直观的认识。

目前的评价方法虽然有其创新性，但难免有不足之处，我们非常欢迎同行的批评与建议，在后续定期的修订版本中根据实际情况进行方法的改进。

感谢国家自然科学基金、教育部人文社会科学重点研究基地"南京大学长江三角洲经济社会发展研究中心"暨"区域经济转型与管理变革协同创新中心"重大课题项目、南京大学人文社科双一流建设"百层次"科研项目、南京大学会计学系学科发展建设经费的资助，感谢东南大学出版社编辑老师的辛苦工作。在本书的撰写过程中，博士生朱荷清编撰了2万多字的文本内容，张睿萱在数据收集方面发挥了重要作用，在此一并感谢。

目 录

1 概述 ·· 1
   1.1 理论基础 ·· 2
   1.2 数据来源与指标设计 ·· 3
2 三年期证券分析师预测准确性评价 ·· 7
   2.1 数据来源与样本说明 ·· 7
   2.2 三年期证券分析师预测准确性评价结果 ······································ 8
3 五年期证券分析师预测准确性评价 ·· 57
   3.1 数据来源与样本说明 ·· 57
   3.2 五年期证券分析师预测准确性评价结果 ···································· 58
4 三年期证券公司预测准确性评价 ·· 91
   4.1 数据来源与样本说明 ·· 91
   4.2 三年期证券公司预测准确性评价结果 ······································ 91
5 五年期证券公司预测准确性评价 ··· 103
   5.1 数据来源与样本说明 ·· 103
   5.2 五年期证券公司预测准确性评价结果 ···································· 103
6 2023 年度中国证券分析师与证券公司预测准确性评价总结 ············· 114

1 概 述

证券分析师行业伴随着资本市场的发展而诞生。作为重要的资本市场信息中介,证券分析师凭借其较强的信息搜集能力和专业分析能力,在宏观层面分析经济发展和行业政策的同时,也对上市公司的发展运营进行深入解剖,撰写研究报告,向市场参与者提供投资决策建议,成为投资者投资决策的重要参考依据。

随着我国资本市场的不断发展,证券分析师队伍也日益壮大,至2023年持证上岗分析师已达4 396人[1]。在分析师群体迅速膨胀、研究报告汗牛充栋的市场形势下,一个客观、公正的分析师评价体系对于买卖双方乃至资本市场的规范运作无疑都具有重要意义。一方面,从分析师角度而言,在分析师人数急速扩张的过程中,分析师专业素质难以得到完全保证,分析师市场为实现优胜劣汰、褒扬先进,需要一个公正的分析师评价体系;另一方面,从投资者角度而言,面对海量研究报告,分析师评价体系也可以提供一定甄别依据。然而国内资本市场中,对于证券分析师的评价,多年来比较流行的是采用根据"买方投票"数量的形式来给各行业的证券分析师进行排序,这种评价模式具有一定合理性及综合性,但根据买方机构主观打分的方式难免受到分析师专业能力以外的其他因素影响,其客观性、公正性也因此大打折扣。同时随着研究市场竞争加剧,不够公开透明的评价过程也可能滋生拉票等不正当竞争行为,严重影响评选活动的严肃性、公平性和专业性[2]。更重要的是,本是证券分析师最重要的盈利预测能力在投票这一评价过程中没有得到很好的体现,"买方投票"的评价过程与结果让投资者对分析师真正的证券分析与预测能力仍然无法知晓。

基于此,我们试图从分析师的最重要能力——"盈利预测准确性"出发对分析师专业能力进行评价,提供一种更加透明、客观、可验证的分析师评价模式,以期对现存分析师评价体系形成一定有益补充,更为证券投资者乃至证券市场评价分析师提供重要参考。

---

[1] 数据来源:中国证券业协会官网,统计截止时点2023-08-01,网址:http://www.sac.net.cn/。
[2] 参见中国证券业协会:《中国证券业协会支持证券公司退出有关分析师评选活动》。

在本书中，我们分别从证券分析师个体与证券公司的层面，根据不同的统计区间，在第1章至第5章分别展现2019年至2023年期间（对应2018—2022年公司年报发布截止日）三年期与五年期的"中国证券分析师预测准确性评价"与"中国证券公司研究实力评价"结果①。以便投资者可以从不同长度时间段的统计结果，宏观上看出我国证券分析师行业的发展态势，微观上也可以看出不同证券公司研究所研究预测实力的平稳或起伏变化。

本章将阐述中国证券分析师预测准确性评价的理论基础、数据来源及指标设计。

1.1 理论基础

每股收益(Earning Per Share，EPS)即每股税后利润，是普通股股东每持有一股所能享有的企业净利润或需承担的企业净亏损。每股收益是反映企业经营成果，衡量普通股的获利水平及投资风险的重要财务指标，也是投资者等信息使用者据以评价企业盈利能力、预测企业成长潜力进而做出相关经济决策的关键指标之一。鉴于每股收益指标对股票估值及投资者决策的重要作用，证券分析师盈余预测的准确性不仅受到投资者和其他业界人士的普遍关注，也成为学术界探讨的热点(Ramnath et al., 2008)②，证券分析师准确预测所跟踪股票每股收益的能力也成为其专业能力、工作价值的重要表现(吴东辉和薛祖云，2005)③。

基于此，我们以每股收益预测准确性作为评价分析师预测能力的主要依据，并通过标准化的处理方法解决不同股票间的可比性问题，综合考虑分析师的平均预测表现和最佳预测表现，得到对分析师预测能力的整体评价；在通过上述方法得到分析师预测能力的标准化得分基础上，我们进一步综合考虑证券公司的整体预测能力，并在注重证券公司拥有优秀分析师数量的同时，综合考虑了证券公司体量等成本因素，多维度、全方位地对证券公司的预测水平及成本效益进行评价。

---

① 为规避评价短期化可能引起的对分析师行为短期化引导及浮躁风气，本书仅从中长期对分析师进行评价，而未对短期评级等进行评价。

② Ramnath S, Rock S, Shane P, 2008. The financial analyst forecasting literature: a taxonomy with suggestions for further research[J]. International Journal of Forecasting, 24(1): 34-75.

③ 吴东辉，薛祖云，2005.财务分析师盈利预测的投资价值：来自深沪A股市场的证据[J].会计研究(8): 37-43+96.

1.2 数据来源与指标设计

1.2.1 数据来源与样本选择

本书基础数据全部来源于 CSMAR 数据库(深圳国泰安教育技术有限公司)[①],涉及指标包括分析师姓名、分析师编码[②]、所属证券公司名称、预测公司证券代码、证券简称、预测终止日、预测每股收益及实际每股收益。

在对分析师预测准确性进行评价时,对分析师初始研究报告及预测数据按照如下原则进行剔除:(1)剔除针对非 A 股上市公司的研究报告;(2)剔除未对公司每股收益进行预测的研究报告;(3)分析师同一预测期间内进行多次每股收益预测时,保留该预测期间内最后一次每股收益预测(如某分析师在 2022-05-01—2023-04-30 期间内对跟踪的某公司 2022 年每股收益分别在 2022-05-30、2022-09-11 及 2023-01-20 进行了预测,仅保留 2023-01-20 发布报告中的每股收益预测);(4)同一研究报告中对未来多期每股收益进行预测时,保留最近一期每股收益预测(如某分析师在 2022-10-11 公布的研究报告中对 2022 年度、2023 年度及 2024 年度的每股收益均进行了预测,则仅保留针对 2022 年度的每股收益预测)。

关于行业分类,我们主要以中证指数有限公司公布的上市公司行业分类为准[③],并在中证行业划分的二级行业基础上进行一定调整。此外,对评价期内因中证行业微调导致的差异以最新一期,即中证指数公司官方网站 2023 年 6 月 2 日发布的"中证指数公司更新中证行业分类结果"为准。

在中证二级行业分类基础上调整后的行业分类如下:

主要消费类:

(1) 主要消费—食品、饮料与烟草(除农牧渔产品)

包括中证对应行业[④]:主要消费—食品、饮料与烟草。

(2) 主要消费—农牧渔

---

① CSMAR 数据库(China Stock Market & Accounting Research Database)是深圳希施玛数据科技有限公司从学术研究需求出发,借鉴 CRSP、COMPUSTAT、TAQ、THOMSON 等权威数据库专业标准,并结合中国实际国情开发的经济金融领域的研究型精准数据库。经过 23 年的不断积累和完善,CSMAR 数据库已涵盖因子研究、人物特征、绿色经济、股票、公司、海外、资讯、基金、债券、行业、经济、商品期货等 19 大系列,包含 200+个数据库、4 000+张表、6 万+个字段。(上述介绍来自国泰安数据库"产品简介")

② CSMAR 内部编码,具有唯一性。

③ 具体行业分类原则参见中证指数有限公司官网(http://www.csindex.com.cn/)"关于行业分类的说明"。

④ 对应中证行业格式为"一级行业—二级行业"及"一级行业—二级行业—三级行业",下同。

包括中证对应行业：主要消费—农牧渔。

信息技术类：

（3）信息技术—信息技术（含半导体、计算机、电子）

包括中证对应行业：信息技术—半导体；信息技术—计算机；信息技术—电子。

公用事业类：

（4）公用事业—公用事业

包括中证对应行业：公用事业—公用事业。

医药卫生类：

（5）医药卫生—医药卫生（含医疗、医药）

包括中证对应行业：医药卫生—医疗；医药卫生—医药。

原材料类：

（6）原材料—化工

包括中证对应行业：原材料—化工。

（7）原材料—有色金属、钢铁、非金属材料

包括中证对应行业：原材料—有色金属；原材料—钢铁；原材料—非金属材料。

（8）原材料—轻工（含家庭与个人用品、造纸与包装）

包括中证对应行业：主要消费—家庭与个人用品；原材料—造纸与包装。

可选消费类：

（9）可选消费—乘用车及零部件

包括中证对应行业：可选消费—乘用车及零部件。

（10）可选消费—消费者服务、耐用消费品、纺织服务与珠宝

包括中证对应行业：可选消费—消费者服务；可选消费—耐用消费品；可选消费—纺织服务与珠宝。

（11）可选消费—零售业

包括中证对应行业：可选消费—零售业。

工业类：

（12）工业—交通运输

包括中证对应行业：工业—交通运输。

（13）工业—商业服务与用品

包括中证对应行业：工业—商业服务与用品。

（14）工业—工业集团企业、建筑装饰

包括中证对应行业：工业—机械制造—工业集团企业；工业—建筑装饰。

(15) 工业—机械制造

包括中证对应行业：工业—机械制造—通用机械；工业—机械制造—专用机械；工业—机械制造—交通运输设备。

(16) 工业—环保

包括中证对应行业：工业—环保。

(17) 工业—电力设备

包括中证对应行业：工业—电力设备。

(18) 工业—航空航天与国防

包括中证对应行业：工业—航空航天与国防。

通信服务类：

(19) 通信服务—通信服务（含电信服务、通信设备及技术服务）

包括中证对应行业：通信服务—电信服务；通信服务—通信设备及技术服务。

(20) 通信服务—传媒

包括中证对应行业：通信服务—传媒。

能源类：

(21) 能源—能源

包括中证对应行业：能源—能源。

金融类：

(22) 金融—银行

包括中证对应行业：金融—银行。

(23) 金融—非银金融（含保险、资本市场、其他金融）

包括中证对应行业：金融—保险；金融—资本市场；金融—其他金融。

房地产类：

(24) 房地产—房地产

包括中证对应行业：房地产—房地产。

1.2.2　指标设计思路

1. 分析师层面

在对分析师预测能力进行评价时，首先在单只股票维度计算出分析师每次预测准确度的相对排名并进行标准化。具体做法是：首先，计算每股收益预测值与每股收益真实值之差并取绝对值，得到单次预测与真实值的偏离程度；其次，对跟踪同一只股票的所有预测偏离程度由低到高进行排序，在预测偏离程度相同时，发布时间早的优先，若同日发布，跟踪公司数量多的分析师优先，若仍相同，则按分析师姓氏进行排序；最后，对相对排名进行标准化处理得出每次预测准确性的标准分。

为全面考察证券分析师研究报告的"质"与"量",在从股票维度得到分析师每次预测的标准分后,我们分别从平均表现和最佳表现两个维度对分析师预测准确性进行评价。在从平均表现维度对分析师表现进行评价时,对分析师在某行业内跟踪的全部公司的预测标准分求平均作为分析师平均表现打分,如分析师跟踪公司横跨不同行业,则对其在不同行业内的预测准确性表现分别评价;在从最佳表现维度对分析师表现进行评价时,以分析师在某行业内跟踪的全部公司中的最优预测标准分作为分析师最佳表现打分,如分析师跟踪公司横跨不同行业,则对其在不同行业内的准确性表现分别评价。

2. 证券公司层面

在证券公司层面,从证券公司全部分析师预测准确度表现均值角度及拥有明星分析师席位角度两个维度对证券公司预测能力进行评价。具体做法是:从证券公司全部分析师表现维度对证券公司预测能力进行评价时,对证券公司年度内全部活动分析师[①]表现求均值作为证券公司表现的衡量,需要说明的是,因对分析师评价具有平均和最佳两个维度,在对证券公司预测表现进行评价时,也相对应地分别从分析师平均标准分、分析师最佳标准分进行计算;

从证券公司拥有明星分析师席位角度对证券公司预测能力进行评价时,以各行业内表现最佳的前五名分析师为明星分析师,以各证券公司拥有明星分析师席位对证券公司的预测能力进行评价,同时考虑到证券公司为产生明星分析师所付出的"成本"不同,我们也同时列示了证券公司对应期间的活动分析师总量及发布研究报告总量,以助于更加全面深入地了解证券公司的预测实力及成本效益。

---

① 活动分析师指在相应期间内进行过针对 A 股上市公司的每股收益预测的分析师,即以 CSMAR 数据库为基准,根据 1.2.1 节所介绍的原则进行筛选后本书所覆盖的分析师,下同。

2 三年期证券分析师预测准确性评价

2.1 数据来源与样本说明

三年期证券分析师预测准确性评价的数据期间为2020年5月1日至2023年4月30日。所有分析师预测数据来源于CSMAR数据库,涉及指标包括分析师姓名、分析师编码、所属证券公司名称、预测公司证券代码、证券简称、预测终止日、预测每股收益及实际每股收益。

在对三年期证券分析师预测准确性进行评价时,我们对分析师初始研究报告及预测数据按照如下原则进行剔除:(1)剔除针对非A股上市公司的研究报告;(2)剔除未对公司每股收益进行预测的研究报告;(3)分析师同一预测期间内进行多次每股收益预测时,保留该预测期间内最后一次每股收益预测;(4)同一研究报告中对未来多期每股收益进行预测时,保留最近一期每股收益预测。此外,在三年期证券分析师预测准确性评价中,我们仅对连续在行业内执业满三年的分析师进行了排名。

经上述筛选后,我们最终得到参与三年期证券分析师准确性评价的分析师共1 077名。其中,主要消费—食品、饮料与烟草(除农牧渔产品)行业98名、主要消费—农牧渔行业32名、信息技术—信息技术(含半导体、计算机、电子)行业251名、公用事业—公用事业行业40名、医药卫生—医药卫生(含医疗、医药)行业121名、原材料—化工行业117名、原材料—有色金属、钢铁、非金属材料行业118名、原材料—轻工(含家庭与个人用品、造纸与包装)行业85名、可选消费—乘用车及零部件行业90名、可选消费—消费者服务、耐用消费品、纺织服务与珠宝行业154名、可选消费—零售业行业37名、工业—交通运输行业41名、工业—商业服务与用品行业83名、工业—工业集团企业、建筑装饰行业68名、工业—机械制造行业133名、工业—环保行业35名、工业—电力设备行业139名、工业—航空航天与国防行业44名、通信服务—通信服务(含电信服务、通信设备及技术服务)行业60名、通信服务—传媒行业50名、能源—能源行业44名、金融—银行行业36名、金融—非银金融(含保险、资本市场、其他金融)行业 55 名、房地产—房地产行业 40 名[①]。

2.2 三年期证券分析师预测准确性评价结果

我们按照第一章介绍的计算方法,首先计算出各行业内每位分析师各年度每股收益预测的平均表现得分及最佳表现得分,在此基础上对分析师在行业内三年表现(平均表现和最佳表现两个维度)得分求平均,按照三年平均标准分由低到高进行排序[②],若标准分相同,平均跟踪行业公司数量多的优先,若仍相同,按分析师姓名排序。按上述方法得到三年期的分行业证券分析师预测准确性排名如下,因篇幅所限,我们只列示了各行业内排名前 20 名的证券分析师,若不足 20 名,则全部列示。

表 2-1 三年期分析师预测准确性评价—平均表现(2020-05-01—2023-04-30)
行业:主要消费—食品、饮料与烟草(除农牧渔产品)

分析师姓名	平均表现排名	平均跟踪股票数量	所属证券公司[③]
周 铮	1	1	招商证券股份有限公司
符 蓉	2	36	国盛证券有限责任公司
龚源月	3	33	华泰证券股份有限公司
訾 猛	4	37	国泰君安证券股份有限公司
冯 鹤	5	3	华泰证券股份有限公司
程 航	6	5	华创证券有限责任公司
孙山山	7	33	华鑫证券有限责任公司
周 泰	8	2	民生证券股份有限公司
孙 瑜	9	10	兴业证券股份有限公司
曾 光	10	1	国信证券股份有限公司
于佳琦	11	27	招商证券股份有限公司
周 蓉	12	8	山西证券股份有限公司

---

① 因存在同一分析师跟踪不同行业的情况,因此证券分析师总数与各行业分析师数量相加总数不一致。
② 标准分越低,预测误差相对越小,预测准确度相对越高。
③ 所属证券公司信息为分析师 2020-05-01—2023-04-30 期间最后一次发布报告时所处的证券公司,下同。

（续表）

分析师姓名	平均表现排名	平均跟踪股票数量	所属证券公司[3]
叶书怀	13	20	东方证券股份有限公司
曹承安	14	1	招商证券股份有限公司
李梓语	15	11	国泰君安证券股份有限公司
范劲松	16	36	中泰证券股份有限公司
马莉	17	13	浙商证券股份有限公司
王永锋	18	30	广发证券股份有限公司
薛玉虎	19	26	国海证券股份有限公司
苏铖	20	41	兴业证券股份有限公司

表2-2　三年期分析师预测准确性评价—最佳表现(2020-05-01—2023-04-30)
行业：主要消费—食品、饮料与烟草(除农牧渔产品)

分析师姓名	最佳表现排名	平均跟踪股票数量	所属证券公司
苏铖	1	41	兴业证券股份有限公司
范劲松	2	36	中泰证券股份有限公司
訾猛	3	37	国泰君安证券股份有限公司
符蓉	4	36	国盛证券有限责任公司
薛玉虎	5	26	国海证券股份有限公司
王永锋	6	30	广发证券股份有限公司
于佳琦	7	27	招商证券股份有限公司
龚源月	8	33	华泰证券股份有限公司
魏红梅	9	9	东莞证券股份有限公司
马铮	10	27	信达证券股份有限公司
陈彦彤	11	31	光大证券股份有限公司
陈青青	12	25	国信证券股份有限公司
叶书怀	13	20	东方证券股份有限公司
刘宸倩	14	24	国金证券股份有限公司
张宇光	15	30	开源证券股份有限公司
寇星	16	30	华西证券股份有限公司

(续表)

分析师姓名	最佳表现排名	平均跟踪股票数量	所属证券公司
朱会振	17	27	西南证券股份有限公司
董广阳	18	29	华创证券有限责任公司
叶倩瑜	19	31	光大证券股份有限公司
顾向君	20	7	群益证券(香港)有限公司

在2020年5月1日至2023年4月30日这三年的期间内,持续跟踪主要消费—食品、饮料与烟草(除农牧渔产品)行业并作出每股收益预测的分析师有98名。由表2-1、表2-2可以看出,从平均预测准确性角度来看,排在前五名的分析师分别是:招商证券股份有限公司的周铮、国盛证券有限责任公司的符蓉、华泰证券股份有限公司的龚源月、国泰君安证券股份有限公司的訾猛和华泰证券股份有限公司的冯鹤。从最佳预测准确性角度来看,排在前五名的分析师分别是:兴业证券股份有限公司的苏铖、中泰证券股份有限公司的范劲松、国泰君安证券股份有限公司的訾猛、国盛证券有限责任公司的符蓉和国海证券股份有限公司的薛玉虎。

表2-3 三年期分析师预测准确性评价—平均表现(2020-05-01—2023-04-30)
行业:主要消费—农牧渔

分析师姓名	平均表现排名	平均跟踪股票数量	所属证券公司
戴 飞	1	2	天风证券股份有限公司
鲁家瑞	2	14	国信证券股份有限公司
王 莺	3	9	华安证券股份有限公司
王 乾	4	9	广发证券股份有限公司
陈 潇	5	6	天风证券股份有限公司
林逸丹	6	5	天风证券股份有限公司
范劲松	7	3	中泰证券股份有限公司
张斌梅	8	6	东方证券股份有限公司
孟维肖	9	9	浙商证券股份有限公司
陈雪丽	10	15	开源证券股份有限公司
程诗月	11	8	东兴证券股份有限公司
钟凯锋	12	15	国泰君安证券股份有限公司
吴 立	13	17	天风证券股份有限公司

(续表)

分析师姓名	平均表现排名	平均跟踪股票数量	所属证券公司
熊承慧	14	9	华泰证券股份有限公司
徐　卿	15	13	西南证券股份有限公司
郑颖欣	16	3	广发证券股份有限公司
钱　浩	17	9	广发证券股份有限公司
熊欣慰	18	1	中泰证券股份有限公司
冯　鹤	19	8	华泰证券股份有限公司
王艳君	20	8	国泰君安证券股份有限公司

表2-4　三年期分析师预测准确性评价—最佳表现(2020-05-01—2023-04-30)
行业：主要消费—农牧渔

分析师姓名	最佳表现排名	平均跟踪股票数量	所属证券公司
周　泰	1	10	民生证券股份有限公司
王　莺	2	9	华安证券股份有限公司
鲁家瑞	3	14	国信证券股份有限公司
陈雪丽	4	15	开源证券股份有限公司
王　乾	5	9	广发证券股份有限公司
钟凯锋	6	15	国泰君安证券股份有限公司
孟维肖	7	9	浙商证券股份有限公司
吴　立	8	17	天风证券股份有限公司
徐　卿	9	13	西南证券股份有限公司
程一胜	10	10	国海证券股份有限公司
熊承慧	11	9	华泰证券股份有限公司
钱　浩	12	9	广发证券股份有限公司
周　莎	13	9	华西证券股份有限公司
谢芝优	14	10	中国银河证券股份有限公司
王艳君	15	8	国泰君安证券股份有限公司
李晓渊	16	11	国泰君安证券股份有限公司
冯　鹤	17	8	华泰证券股份有限公司

（续表）

分析师姓名	最佳表现排名	平均跟踪股票数量	所属证券公司
王 琦	18	12	中邮证券有限责任公司
张斌梅	19	6	东方证券股份有限公司
陈 潇	20	6	天风证券股份有限公司

在2020年5月1日至2023年4月30日这三年的期间内,持续跟踪主要消费—农牧渔行业并作出每股收益预测的分析师有32名。由表2-3、表2-4可以看出,从平均预测准确性角度来看,排在前五名的分析师分别是：天风证券股份有限公司的戴飞、国信证券股份有限公司的鲁家瑞、华安证券股份有限公司的王莺、广发证券股份有限公司的王乾和天风证券股份有限公司的陈潇。从最佳预测准确性角度来看,排在前五名的分析师分别是：民生证券股份有限公司的周泰、华安证券股份有限公司的王莺、国信证券股份有限公司的鲁家瑞、开源证券股份有限公司的陈雪丽和广发证券股份有限公司的王乾。

表2-5　三年期分析师预测准确性评价—平均表现（2020-05-01—2023-04-30）
行业：信息技术—信息技术（含半导体、计算机及电子）

分析师姓名	平均表现排名	平均跟踪股票数量	所属证券公司
尹会伟	1	4	民生证券股份有限公司
梁程加	2	4	招商证券股份有限公司
王睿哲	3	1	群益证券（香港）有限公司
周尔双	4	7	东吴证券股份有限公司
黄瑞连	5	5	东吴证券股份有限公司
余 平	6	2	国盛证券有限责任公司
王华君	7	5	浙商证券股份有限公司
杜玥莹	8	1	国盛证券有限责任公司
蒋 颖	9	6	信达证券股份有限公司
吕 明	10	2	开源证券股份有限公司
王彦龙	11	7	国泰君安证券股份有限公司
刘 言	12	4	西南证券股份有限公司
吴 双	13	1	国信证券股份有限公司
余 俊	14	4	招商证券股份有限公司

(续表)

分析师姓名	平均表现排名	平均跟踪股票数量	所属证券公司
苏 晨	15	1	国金证券股份有限公司
孟 灿	16	10	国金证券股份有限公司
朱吉翔	17	9	群益证券(香港)有限公司
陈宁玉	18	4	中泰证券股份有限公司
张 峰	19	2	天风证券股份有限公司
杨 甫	20	2	财信证券股份有限公司

表 2-6　三年期分析师预测准确性评价—最佳表现(2020-05-01—2023-04-30)
行业：信息技术—信息技术(含半导体、计算机及电子)

分析师姓名	最佳表现排名	平均跟踪股票数量	所属证券公司
胡 剑	1	43	国信证券股份有限公司
吴砚靖	2	14	中国银河证券股份有限公司
刘高畅	3	37	国盛证券有限责任公司
毛 正	4	29	华鑫证券有限责任公司
闻学臣	5	23	中泰证券股份有限公司
尹沿技	6	28	华安证券股份有限公司
黄乐平	7	48	华泰证券股份有限公司
蒋高振	8	21	浙商证券股份有限公司
刘 凯	9	55	光大证券股份有限公司
蒯 剑	10	34	东方证券股份有限公司
刘雪峰	11	24	广发证券股份有限公司
朱吉翔	12	9	群益证券(香港)有限公司
蒋佳霖	13	26	兴业证券股份有限公司
郑震湘	14	49	国盛证券有限责任公司
贺茂飞	15	20	西部证券股份有限公司
浦俊懿	16	17	东方证券股份有限公司
杨思睿	17	18	中银国际证券股份有限公司
许兴军	18	38	广发证券股份有限公司

(续表)

分析师姓名	最佳表现排名	平均跟踪股票数量	所属证券公司
吕 伟	19	43	民生证券股份有限公司
刘玉萍	20	33	招商证券股份有限公司

在2020年5月1日至2023年4月30日这三年的期间内,持续跟踪信息技术—信息技术(含半导体、计算机及电子)行业并作出每股收益预测的分析师有251名。由表2-5、表2-6可以看出,从平均预测准确性角度来看,排在前五名的分析师分别是:民生证券股份有限公司的尹会伟、招商证券股份有限公司的梁程加、群益证券(香港)有限公司的王睿哲、东吴证券股份有限公司的周尔双和东吴证券股份有限公司的黄瑞连。从最佳预测准确性角度来看,排在前五名的分析师分别是:国信证券股份有限公司的胡剑、中国银河证券股份有限公司的吴砚靖、国盛证券有限责任公司的刘高畅、华鑫证券有限责任公司的毛正和中泰证券股份有限公司的闻学臣。

表2-7 三年期分析师预测准确性评价—平均表现(2020-05-01—2023-04-30)
行业:公用事业—公用事业

分析师姓名	平均表现排名	平均跟踪股票数量	所属证券公司
吴 杰	1	9	海通证券股份有限公司
庞天一	2	4	华创证券有限责任公司
苏 晨	3	1	国金证券股份有限公司
杨心成	4	4	国盛证券有限责任公司
陶贻功	5	7	中国银河证券股份有限公司
邓 勇	6	2	海通证券股份有限公司
陈 晓	7	1	华安证券股份有限公司
严家源	8	10	民生证券股份有限公司
戴元灿	9	7	海通证券股份有限公司
于夕朦	10	8	长城证券股份有限公司
王玮嘉	11	24	华泰证券股份有限公司
袁 理	12	4	东吴证券股份有限公司
施 静	13	5	东方证券股份有限公司
曾朵红	14	1	东吴证券股份有限公司

(续表)

分析师姓名	平均表现排名	平均跟踪股票数量	所属证券公司
黄秀杰	15	8	国信证券股份有限公司
朱军军	16	2	海通证券股份有限公司
殷中枢	17	2	光大证券股份有限公司
蔡屹	18	16	兴业证券股份有限公司
卢日鑫	19	2	东方证券股份有限公司
郭鹏	20	15	广发证券股份有限公司

表2-8 三年期分析师预测准确性评价—最佳表现(2020-05-01—2023-04-30)
行业：公用事业—公用事业

分析师姓名	最佳表现排名	平均跟踪股票数量	所属证券公司
于夕朦	1	8	长城证券股份有限公司
郭丽丽	2	21	天风证券股份有限公司
王玮嘉	3	24	华泰证券股份有限公司
吴杰	4	9	海通证券股份有限公司
黄秀杰	5	8	国信证券股份有限公司
蔡屹	6	16	兴业证券股份有限公司
杨心成	7	4	国盛证券有限责任公司
严家源	8	10	民生证券股份有限公司
黄波	9	22	华泰证券股份有限公司
戴元灿	10	7	海通证券股份有限公司
傅逸帆	11	8	海通证券股份有限公司
庞天一	12	4	华创证券有限责任公司
于鸿光	13	14	国泰君安证券股份有限公司
陶贻功	14	7	中国银河证券股份有限公司
王颖婷	15	9	西南证券股份有限公司
杨阳	16	13	国海证券股份有限公司
郭鹏	17	15	广发证券股份有限公司
张樨樨	18	3	天风证券股份有限公司

(续表)

分析师姓名	最佳表现排名	平均跟踪股票数量	所属证券公司
范杨春晓	19	4	长城证券股份有限公司
刘博	20	4	东吴证券股份有限公司

在2020年5月1日至2023年4月30日这三年的期间内,持续跟踪公用事业—公用事业行业并作出每股收益预测的分析师有40名。由表2-7、表2-8可以看出,从平均预测准确性角度来看,排在前五名的分析师分别是:海通证券股份有限公司的吴杰、华创证券有限责任公司的庞天一、国金证券股份有限公司的苏晨、国盛证券有限责任公司的杨心成和中国银河证券股份有限公司的陶贻功。从最佳预测准确性角度来看,排在前五名的分析师分别是:长城证券股份有限公司的于夕朦、天风证券股份有限公司的郭丽丽、华泰证券股份有限公司的王玮嘉、海通证券股份有限公司的吴杰和国信证券股份有限公司的黄秀杰。

表2-9 三年期分析师预测准确性评价—平均表现(2020-05-01—2023-04-30)
行业:医药卫生—医药卫生(含医疗、医药)

分析师姓名	平均表现排名	平均跟踪股票数量	所属证券公司
黄泽鹏	1	1	开源证券股份有限公司
金益腾	2	1	开源证券股份有限公司
谢楠	3	1	中泰证券股份有限公司
庄汀洲	4	1	华泰证券股份有限公司
马莉	5	2	浙商证券股份有限公司
刘嘉仁	6	4	信达证券股份有限公司
邓欣	7	2	中泰证券股份有限公司
周豫	8	4	中邮证券有限责任公司
赵海春	9	9	国金证券股份有限公司
赵乃迪	10	2	光大证券股份有限公司
郭双喜	11	6	浙商证券股份有限公司
袁维	12	32	国金证券股份有限公司
殷一凡	13	8	国盛证券有限责任公司
高岳	14	24	华创证券有限责任公司

(续表)

分析师姓名	平均表现排名	平均跟踪股票数量	所属证券公司
王睿	15	9	华西证券股份有限公司
丁丹	16	40	国泰君安证券股份有限公司
王薇娜	17	1	华创证券有限责任公司
谭国超	18	28	华安证券股份有限公司
代凯燕	19	2	兴业证券股份有限公司
张金洋	20	53	国盛证券有限责任公司

表2-10 三年期分析师预测准确性评价—最佳表现（2020-05-01—2023-04-30）
行业：医药卫生—医药卫生（含医疗、医药）

分析师姓名	最佳表现排名	平均跟踪股票数量	所属证券公司
张金洋	1	53	国盛证券有限责任公司
祝嘉琦	2	37	中泰证券股份有限公司
周超泽	3	17	民生证券有限公司
袁维	4	32	国金证券股份有限公司
高岳	5	24	华创证券有限责任公司
叶寅	6	28	平安证券股份有限公司
林小伟	7	57	光大证券股份有限公司
盛丽华	8	37	太平洋证券股份有限公司
丁丹	9	40	国泰君安证券股份有限公司
赵海春	10	9	国金证券股份有限公司
杜向阳	11	81	西南证券股份有限公司
代雯	12	39	华泰证券股份有限公司
朱国广	13	63	东吴证券股份有限公司
蔡明子	14	27	开源证券股份有限公司
谢木青	15	20	中泰证券股份有限公司
魏红梅	16	24	东莞证券股份有限公司
罗佳荣	17	48	广发证券股份有限公司
余文心	18	43	海通证券股份有限公司

(续表)

分析师姓名	最佳表现排名	平均跟踪股票数量	所属证券公司
孙媛媛	19	69	兴业证券股份有限公司
何 玮	20	23	东方财富证券股份有限公司

在2020年5月1日至2023年4月30日这三年的期间内,持续跟踪医药卫生—医药卫生(含医疗、医药)行业并作出每股收益预测的分析师有121名。由表2-9、表2-10可以看出,从平均预测准确性角度来看,排在前五名的分析师分别是:开源证券股份有限公司的黄泽鹏、开源证券股份有限公司的金益腾、中泰证券股份有限公司的谢楠、华泰证券股份有限公司的庄汀洲和中泰证券股份有限公司的邓欣。从最佳预测准确性角度来看,排在前五名的分析师分别是:国盛证券有限责任公司的张金洋、中泰证券股份有限公司的祝嘉琦、民生证券股份有限公司的周超泽、国金证券股份有限公司的袁维和华创证券有限责任公司的高岳。

表2-11 三年期分析师预测准确性评价—平均表现(2020-05-01—2023-04-30)
行业:原材料—化工

分析师姓名	平均表现排名	平均跟踪股票数量	所属证券公司
陶贻功	1	2	中国银河证券股份有限公司
傅鸿浩	2	2	华鑫证券有限责任公司
许隽逸	3	4	国金证券股份有限公司
孟祥杰	4	1	广发证券股份有限公司
鲍荣富	5	6	天风证券股份有限公司
尹会伟	6	1	民生证券股份有限公司
沈 猛	7	8	国盛证券有限责任公司
王 帅	8	1	兴业证券股份有限公司
花健祎	9	3	国泰君安证券股份有限公司
李 博	10	3	海通证券股份有限公司
吴 立	11	2	天风证券股份有限公司
王 涛	12	3	天风证券股份有限公司
孙 建	13	2	浙商证券股份有限公司
孙 颖	14	5	中泰证券股份有限公司

(续表)

分析师姓名	平均表现排名	平均跟踪股票数量	所属证券公司
孙羲昱	15	11	国泰君安证券股份有限公司
张 超	16	2	中航证券有限公司
杨翼荣	17	19	国金证券股份有限公司
石 康	18	3	兴业证券股份有限公司
王 芳	19	2	中泰证券股份有限公司
鲍雁辛	20	7	国泰君安证券股份有限公司

表2-12 三年期分析师预测准确性评价—最佳表现(2020-05-01—2023-04-30)
行业：原材料—化工

分析师姓名	最佳表现排名	平均跟踪股票数量	所属证券公司
刘 威	1	71	海通证券股份有限公司
周 铮	2	19	招商证券股份有限公司
金益腾	3	22	开源证券股份有限公司
张志扬	4	26	兴业证券股份有限公司
赵乃迪	5	43	光大证券股份有限公司
谢 楠	6	26	中泰证券股份有限公司
王席鑫	7	21	国盛证券有限责任公司
杨 林	8	30	国信证券股份有限公司
杨 伟	9	19	华西证券股份有限公司
杨翼荣	10	19	国金证券股份有限公司
余嫄嫄	11	16	中银国际证券股份有限公司
费倩然	12	8	群益证券(香港)有限公司
邓 勇	13	36	海通证券股份有限公司
许隽逸	14	4	国金证券股份有限公司
李 辉	15	20	浙商证券股份有限公司
邓先河	16	21	广发证券股份有限公司
曹承安	17	17	招商证券股份有限公司
庄汀洲	18	23	华泰证券股份有限公司

（续表）

分析师姓名	最佳表现排名	平均跟踪股票数量	所属证券公司
李永磊	19	28	国海证券股份有限公司
杨 晖	20	15	华创证券有限责任公司

在2020年5月1日至2023年4月30日这三年的期间内,持续跟踪原材料—化工行业并作出每股收益预测的分析师有117名。由表2-11、表2-12可以看出,从平均预测准确性角度来看,排在前五名的分析师分别是:中国银河证券股份有限公司的陶贻功、华鑫证券有限责任公司的傅鸿浩、国金证券股份有限公司的许隽逸、广发证券股份有限公司的孟祥杰和天风证券股份有限公司的鲍荣富。从最佳预测准确性角度来看,排在前五名的分析师分别是:海通证券股份有限公司的刘威、招商证券股份有限公司的周铮、开源证券股份有限公司的金益腾、兴业证券股份有限公司的张志扬和光大证券股份有限公司的赵乃迪。

表2-13 三年期分析师预测准确性评价—平均表现(2020-05-01—2023-04-30)
行业：原材料—有色金属、钢铁、非金属材料

分析师姓名	平均表现排名	平均跟踪股票数量	所属证券公司
曾朵红	1	1	东吴证券股份有限公司
阮巧燕	2	1	东吴证券股份有限公司
孟祥杰	3	2	广发证券股份有限公司
房大磊	4	4	东吴证券股份有限公司
蒯 剑	5	1	东方证券股份有限公司
沈 猛	6	3	国盛证券有限责任公司
杨 林	7	1	国信证券股份有限公司
张绪成	8	2	开源证券股份有限公司
周 泰	9	1	民生证券有限责任公司
王彬鹏	10	5	华创证券有限责任公司
李鹏飞	11	31	国泰君安证券股份有限公司
赖福洋	12	9	兴业证券股份有限公司
龚 劼	13	4	华泰证券股份有限公司
施 毅	14	11	浙商证券股份有限公司

(续表)

分析师姓名	平均表现排名	平均跟踪股票数量	所属证券公司
王涛	15	12	天风证券股份有限公司
樊志远	16	1	国金证券股份有限公司
冯孟乾	17	8	光大证券股份有限公司
方驭涛	18	7	光大证券股份有限公司
吴轩	19	7	首创证券股份有限公司
王超	20	1	招商证券股份有限公司

表2-14 三年期分析师预测准确性评价—最佳表现(2020-05-01—2023-04-30)
行业：原材料—有色金属、钢铁、非金属材料

分析师姓名	最佳表现排名	平均跟踪股票数量	所属证券公司
丁士涛	1	10	中邮证券有限责任公司
邱祖学	2	47	民生证券股份有限公司
方晏荷	3	12	华泰证券股份有限公司
李鹏飞	4	31	国泰君安证券股份有限公司
施毅	5	11	浙商证券股份有限公司
娄永刚	6	13	信达证券股份有限公司
孙颖	7	12	中泰证券股份有限公司
陈浩武	8	13	中银国际证券股份有限公司
李斌	9	29	华泰证券股份有限公司
鲍雁辛	10	20	国泰君安证券股份有限公司
巨国贤	11	20	广发证券股份有限公司
王琪	12	14	国盛证券有限责任公司
方驭涛	13	7	光大证券股份有限公司
鲍荣富	14	18	天风证券股份有限公司
邹戈	15	9	广发证券股份有限公司
刘文平	16	20	招商证券股份有限公司
华立	17	9	中国银河证券股份有限公司
冯晨阳	18	11	海通证券股份有限公司

(续表)

分析师姓名	最佳表现排名	平均跟踪股票数量	所属证券公司
李帅华	19	13	中邮证券有限责任公司
刘洋	20	9	东方证券股份有限公司

在2020年5月1日至2023年4月30日这三年的期间内,持续跟踪原材料—有色金属、钢铁、非金属材料行业并作出每股收益预测的分析师有118名。由表2-13、表2-14可以看出,从平均预测准确性角度来看,排在前五名的分析师分别是:东吴证券股份有限公司的曾朵红、东吴证券股份有限公司的阮巧燕、广发证券股份有限公司的孟祥杰、东吴证券股份有限公司的房大磊和东方证券股份有限公司的蒯剑。从最佳预测准确性角度来看,排在前五名的分析师分别是:中邮证券有限责任公司的丁士涛、民生证券股份有限公司的邱祖学、华泰证券股份有限公司的方晏荷、国泰君安证券股份有限公司的李鹏飞和浙商证券股份有限公司的施毅。

表2-15 三年期分析师预测准确性评价—平均表现(2020-05-01—2023-04-30)
行业:原材料—轻工(含家庭与个人用品、造纸与包装)

分析师姓名	平均表现排名	平均跟踪股票数量	所属证券公司
罗佳荣	1	1	广发证券股份有限公司
邹戈	2	1	广发证券股份有限公司
丁诗洁	3	2	国信证券股份有限公司
谢璐	4	1	广发证券股份有限公司
鲍荣富	5	1	天风证券股份有限公司
洪涛	6	7	广发证券股份有限公司
刘威	7	2	海通证券股份有限公司
孟杰	8	2	兴业证券股份有限公司
嵇文欣	9	7	广发证券股份有限公司
訾猛	10	8	国泰君安证券股份有限公司
郭美鑫	11	4	中泰证券股份有限公司
赵中平	12	15	招商证券股份有限公司
魏宇萌	13	3	东兴证券股份有限公司
张潇	14	4	东吴证券股份有限公司

(续表)

分析师姓名	平均表现排名	平均跟踪股票数量	所属证券公司
马 莉	15	17	浙商证券股份有限公司
吴劲草	16	6	东吴证券股份有限公司
袁 维	17	1	国金证券股份有限公司
邹文婕	18	4	东吴证券股份有限公司
蔡 欣	19	9	西南证券股份有限公司
曹倩雯	20	5	广发证券股份有限公司

表2-16 三年期分析师预测准确性评价—最佳表现(2020-05-01—2023-04-30)
行业：原材料—轻工(含家庭与个人用品、造纸与包装)

分析师姓名	最佳表现排名	平均跟踪股票数量	所属证券公司
洪 涛	1	7	广发证券股份有限公司
刘嘉仁	2	7	信达证券股份有限公司
穆方舟	3	11	国泰君安证券股份有限公司
郭庆龙	4	11	海通证券股份有限公司
姜 浩	5	9	光大证券股份有限公司
蔡 欣	6	9	西南证券股份有限公司
马 莉	7	17	浙商证券股份有限公司
吴劲草	8	6	东吴证券股份有限公司
张 潇	9	4	东吴证券股份有限公司
嵇文欣	10	7	广发证券股份有限公司
汤 军	11	5	东吴证券股份有限公司
訾 猛	12	8	国泰君安证券股份有限公司
陈柏儒	13	9	中国银河证券股份有限公司
罗晓婷	14	7	国金证券股份有限公司
赵中平	15	15	招商证券股份有限公司
赵树理	16	6	兴业证券股份有限公司
李宏鹏	17	9	信达证券股份有限公司
史凡可	18	14	浙商证券股份有限公司

(续表)

分析师姓名	最佳表现排名	平均跟踪股票数量	所属证券公司
罗佳荣	19	1	广发证券股份有限公司
邹文婕	20	4	东吴证券股份有限公司

在2020年5月1日至2023年4月30日这三年的期间内,持续跟踪原材料—轻工(含家庭与个人用品、造纸与包装)行业并作出每股收益预测的分析师有85名。由表2-15、表2-16可以看出,从平均预测准确性角度来看,排在前五名的分析师分别是:广发证券股份有限公司的罗佳荣、广发证券股份有限公司的邹戈、国信证券股份有限公司的丁诗洁、广发证券股份有限公司的谢璐和天风证券股份有限公司的鲍荣富。从最佳预测准确性角度来看,排在前五名的分析师分别是:广发证券股份有限公司的洪涛、信达证券股份有限公司的刘嘉仁、国泰君安证券股份有限公司的穆方舟、海通证券股份有限公司的郭庆龙和光大证券股份有限公司的姜浩。

表2-17 三年期分析师预测准确性评价—平均表现(2020-05-01—2023-04-30)
行业:可选消费—乘用车及零部件

分析师姓名	平均表现排名	平均跟踪股票数量	所属证券公司
尹沿技	1	1	华安证券股份有限公司
张燕生	2	1	信达证券股份有限公司
洪英东	3	1	信达证券股份有限公司
殷中枢	4	1	光大证券股份有限公司
尹 斌	5	1	华鑫证券有限责任公司
任 浪	6	3	开源证券股份有限公司
吴 立	7	2	天风证券股份有限公司
郭丽丽	8	2	天风证券股份有限公司
黄细里	9	15	东吴证券股份有限公司
邓健全	10	24	开源证券股份有限公司
刘雪峰	11	1	广发证券股份有限公司
曾朵红	12	2	东吴证券股份有限公司
倪昱婧	13	5	光大证券股份有限公司
代 川	14	1	广发证券股份有限公司

(续表)

分析师姓名	平均表现排名	平均跟踪股票数量	所属证券公司
金益腾	15	1	开源证券股份有限公司
耿军军	16	3	国元证券股份有限公司
张程航	17	16	华创证券有限责任公司
陈传红	18	10	国金证券股份有限公司
李辉	19	1	浙商证券股份有限公司
陈晓	20	10	华安证券股份有限公司

表2-18 三年期分析师预测准确性评价—最佳表现(2020-05-01—2023-04-30)
行业：可选消费—乘用车及零部件

分析师姓名	最佳表现排名	平均跟踪股票数量	所属证券公司
戴畅	1	24	兴业证券股份有限公司
汪刘胜	2	16	招商证券股份有限公司
白宇	3	16	太平洋证券股份有限公司
吴晓飞	4	23	国泰君安证券股份有限公司
张程航	5	16	华创证券有限责任公司
黄细里	6	15	东吴证券股份有限公司
崔琰	7	26	华西证券股份有限公司
倪昱婧	8	5	光大证券股份有限公司
董晓彬	9	24	兴业证券股份有限公司
邓健全	10	24	开源证券股份有限公司
朱朋	11	11	中银国际证券股份有限公司
姜雪晴	12	18	东方证券股份有限公司
赵水平	13	14	国泰君安证券股份有限公司
任浪	14	3	开源证券股份有限公司
陆嘉敏	15	26	信达证券股份有限公司
李金锦	16	7	东兴证券股份有限公司
沈嘉婕	17	5	群益证券(香港)有限公司
邵将	18	16	民生证券股份有限公司

(续表)

分析师姓名	最佳表现排名	平均跟踪股票数量	所属证券公司
陈传红	19	10	国金证券股份有限公司
王德安	20	10	平安证券股份有限公司

在2020年5月1日至2023年4月30日这三年的期间内,持续跟踪可选消费—乘用车及零部件行业并作出每股收益预测的分析师有90名。由表2-17、表2-18可以看出,从平均预测准确性角度来看,排在前五名的分析师分别是:华安证券股份有限公司的尹沿技、信达证券股份有限公司的张燕生、信达证券股份有限公司的洪英东、光大证券股份有限公司的殷中枢和华鑫证券有限责任公司的尹斌。从最佳预测准确性角度来看,排在前五名的分析师分别是:兴业证券股份有限公司的戴畅、招商证券股份有限公司的汪刘胜、太平洋证券股份有限公司的白宇、国泰君安证券股份有限公司的吴晓飞和华创证券有限责任公司的张程航。

表2-19 三年期分析师预测准确性评价—平均表现(2020-05-01—2023-04-30)
行业:可选消费—消费者服务、耐用消费品、纺织服务与珠宝

分析师姓名	平均表现排名	平均跟踪股票数量	所属证券公司
顾 晟	1	1	国盛证券有限责任公司
聂博雅	2	2	光大证券股份有限公司
冯晨阳	3	2	海通证券股份有限公司
洪 涛	4	6	广发证券股份有限公司
蔡雯娟	5	22	国泰君安证券股份有限公司
姚 蕾	6	1	国海证券股份有限公司
张立聪	7	20	安信证券股份有限公司
曾 光	8	15	国信证券股份有限公司
吕 明	9	35	开源证券股份有限公司
曾朵红	10	3	东吴证券股份有限公司
张峻豪	11	2	国信证券股份有限公司
陈伟奇	12	15	国信证券股份有限公司
潘 暕	13	2	天风证券股份有限公司
杨 莹	14	13	国盛证券有限责任公司

(续表)

分析师姓名	平均表现排名	平均跟踪股票数量	所属证券公司
魏红梅	15	7	东莞证券股份有限公司
姜浩	16	7	光大证券股份有限公司
唐佳睿	17	9	光大证券股份有限公司
王兆康	18	15	国信证券股份有限公司
周衍峰	19	13	华泰证券股份有限公司
李雪君	20	11	东方证券股份有限公司

表2-20 三年期分析师预测准确性评价—最佳表现(2020-05-01—2023-04-30)
行业：可选消费—消费者服务、耐用消费品、纺织服务与珠宝

分析师姓名	最佳表现排名	平均跟踪股票数量	所属证券公司
陈东飞	1	15	招商证券股份有限公司
邓欣	2	20	中泰证券股份有限公司
吕明	3	35	开源证券股份有限公司
林寰宇	4	23	华泰证券股份有限公司
陈伟奇	5	15	国信证券股份有限公司
马莉	6	35	浙商证券股份有限公司
蔡雯娟	7	22	国泰君安证券股份有限公司
曾婵	8	21	广发证券股份有限公司
刘文正	9	16	民生证券股份有限公司
蔡欣	10	17	西南证券股份有限公司
梁希	11	10	海通证券股份有限公司
唐爽爽	12	25	华西证券股份有限公司
徐林锋	13	14	华西证券股份有限公司
赵树理	14	15	兴业证券股份有限公司
刘章明	15	19	天风证券股份有限公司
孙谦	16	20	天风证券股份有限公司
王兆康	17	15	国信证券股份有限公司
陈子仪	18	16	海通证券股份有限公司

(续表)

分析师姓名	最佳表现排名	平均跟踪股票数量	所属证券公司
龚梦泓	19	25	西南证券股份有限公司
刘越男	20	16	国泰君安证券股份有限公司

在2020年5月1日至2023年4月30日这三年的期间内,持续跟踪可选消费—消费者服务、耐用消费品、纺织服务与珠宝行业并作出每股收益预测的分析师有154名。由表2-19、表2-20可以看出,从平均预测准确性角度来看,排在前五名的分析师分别是:国盛证券有限责任公司的顾晟、光大证券股份有限公司的聂博雅、海通证券股份有限公司的冯晨阳、广发证券股份有限公司的洪涛和国泰君安证券股份有限公司的蔡雯娟。从最佳预测准确性角度来看,排在前五名的分析师分别是:招商证券股份有限公司的陈东飞、中泰证券股份有限公司的邓欣、开源证券股份有限公司的吕明、华泰证券股份有限公司的林寰宇和国信证券股份有限公司的陈伟奇。

表2-21 三年期分析师预测准确性评价—平均表现(2020-05-01—2023-04-30)
行业:可选消费—零售业

分析师姓名	平均表现排名	平均跟踪股票数量	所属证券公司
杜玥莹	1	4	国盛证券有限责任公司
汪立亭	2	8	海通国际证券集团有限公司
訾猛	3	5	国泰君安证券股份有限公司
李宏科	4	7	海通国际证券集团有限公司
刘嘉仁	5	5	信达证券股份有限公司
曾光	6	3	国信证券股份有限公司
唐佳睿	7	17	光大证券股份有限公司
李丹	8	1	浙商证券股份有限公司
陈力宇	9	1	国泰君安证券股份有限公司
黄泽鹏	10	5	开源证券股份有限公司
刘鹏	11	2	长城证券股份有限公司
王薇娜	12	2	华创证券有限责任公司
胡琼方	13	1	华创证券有限责任公司
刘越男	14	7	国泰君安证券股份有限公司

(续表)

分析师姓名	平均表现排名	平均跟踪股票数量	所属证券公司
林寰宇	15	5	华泰证券股份有限公司
赵 政	16	2	国泰君安证券股份有限公司
罗晓婷	17	1	国金证券股份有限公司
代凯燕	18	4	兴业证券股份有限公司
张峻豪	19	4	国信证券股份有限公司
刘文正	20	7	民生证券股份有限公司

表 2-22 三年期分析师预测准确性评价—最佳表现（2020-05-01—2023-04-30）
行业：可选消费—零售业

分析师姓名	最佳表现排名	平均跟踪股票数量	所属证券公司
唐佳睿	1	17	光大证券股份有限公司
刘文正	2	7	民生证券股份有限公司
汪立亭	3	8	海通国际证券集团有限公司
丁浙川	4	11	招商证券股份有限公司
林寰宇	5	5	华泰证券股份有限公司
洪 涛	6	8	广发证券股份有限公司
李宏科	7	7	海通国际证券集团有限公司
刘嘉仁	8	5	信达证券股份有限公司
李秀敏	9	9	招商证券股份有限公司
訾 猛	10	5	国泰君安证券股份有限公司
刘章明	11	11	天风证券股份有限公司
嵇文欣	12	7	广发证券股份有限公司
刘越男	13	7	国泰君安证券股份有限公司
杜玥莹	14	4	国盛证券有限责任公司
黄泽鹏	15	5	开源证券股份有限公司
代凯燕	16	4	兴业证券股份有限公司
高 瑜	17	6	海通国际证券集团有限公司
曾 光	18	3	国信证券股份有限公司

(续表)

分析师姓名	最佳表现排名	平均跟踪股票数量	所属证券公司
张峻豪	19	4	国信证券股份有限公司
甄唯萱	20	6	中国银河证券股份有限公司

在2020年5月1日至2023年4月30日这三年的期间内,持续跟踪可选消费—零售业行业并作出每股收益预测的分析师有37名。由表2-21、表2-22可以看出,从平均预测准确性角度来看,排在前五名的分析师分别是:国盛证券有限责任公司的杜玥莹、海通国际证券集团有限公司的汪立亭、国泰君安证券股份有限公司的訾猛、海通国际证券集团有限公司的李宏科和信达证券股份有限公司的刘嘉仁。从最佳预测准确性角度来看,排在前五名的分析师分别是:光大证券股份有限公司的唐佳睿、民生证券股份有限公司的刘文正、海通国际证券集团有限公司的汪立亭、招商证券股份有限公司的丁浙川和华泰证券股份有限公司的林寰宇。

表2-23 三年期分析师预测准确性评价—平均表现(2020-05-01—2023-04-30)
行业:工业—交通运输

分析师姓名	平均表现排名	平均跟踪股票数量	所属证券公司
刘海荣	1	1	民生证券股份有限公司
刘 威	2	1	海通证券股份有限公司
石 岩	3	1	国泰君安证券股份有限公司
王靖添	4	6	中银国际证券股份有限公司
罗 丹	5	4	国信证券股份有限公司
吴一凡	6	22	华创证券有限责任公司
郭 镇	7	4	广发证券股份有限公司
李 丹	8	10	浙商证券股份有限公司
郑树明	9	11	国金证券股份有限公司
游家训	10	1	招商证券股份有限公司
张晓云	11	27	兴业证券股份有限公司
苏宝亮	12	19	招商证券股份有限公司
许 可	13	10	国海证券股份有限公司
程新星	14	19	光大证券股份有限公司

(续表)

分析师姓名	平均表现排名	平均跟踪股票数量	所属证券公司
匡培钦	15	15	浙商证券股份有限公司
岳　鑫	16	9	国泰君安证券股份有限公司
黄　盈	17	4	国信证券股份有限公司
姜　明	18	17	国信证券股份有限公司
沈晓峰	19	37	华泰证券股份有限公司
肖　祎	20	11	兴业证券股份有限公司

表2-24　三年期分析师预测准确性评价—最佳表现（2020-05-01—2023-04-30）
行业：工业—交通运输

分析师姓名	最佳表现排名	平均跟踪股票数量	所属证券公司
程新星	1	19	光大证券股份有限公司
张晓云	2	27	兴业证券股份有限公司
吴一凡	3	22	华创证券有限责任公司
李　丹	4	10	浙商证券股份有限公司
沈晓峰	5	37	华泰证券股份有限公司
王靖添	6	6	中银国际证券股份有限公司
匡培钦	7	15	浙商证券股份有限公司
许　可	8	10	国海证券股份有限公司
苏宝亮	9	19	招商证券股份有限公司
郑树明	10	11	国金证券股份有限公司
姜　明	11	17	国信证券股份有限公司
张　功	12	9	首创证券股份有限公司
郭　镇	13	4	广发证券股份有限公司
徐　君	14	6	天风证券股份有限公司
肖　祎	15	11	兴业证券股份有限公司
袁　钉	16	12	华泰证券股份有限公司
陈照林	17	9	华福证券有限责任公司
岳　鑫	18	9	国泰君安证券股份有限公司

(续表)

分析师姓名	最佳表现排名	平均跟踪股票数量	所属证券公司
罗 丹	19	4	国信证券股份有限公司
陈金海	20	16	天风证券股份有限公司

在2020年5月1日至2023年4月30日这三年的期间内,持续跟踪工业—交通运输行业并作出每股收益预测的分析师有41名。由表2-23、表2-24可以看出,从平均预测准确性角度来看,排在前五名的分析师分别是：民生证券股份有限公司的刘海荣、海通证券股份有限公司的刘威、国泰君安证券股份有限公司的石岩、中银国际证券股份有限公司的王靖添和国信证券股份有限公司的罗丹。从最佳预测准确性角度来看,排在前五名的分析师分别是：光大证券股份有限公司的程新星、兴业证券股份有限公司的张晓云、华创证券有限责任公司的吴一凡、浙商证券股份有限公司的李丹和华泰证券股份有限公司的沈晓峰。

表2-25 三年期分析师预测准确性评价—平均表现(2020-05-01—2023-04-30)
行业：工业—商业服务与用品

分析师姓名	平均表现排名	平均跟踪股票数量	所属证券公司
徐 偲	1	1	国元证券股份有限公司
朱 珺	2	1	华泰证券股份有限公司
张良卫	3	1	东吴证券股份有限公司
杨 伟	4	1	华西证券股份有限公司
郭 鹏	5	1	广发证券股份有限公司
周 钊	6	1	华泰证券股份有限公司
马 莉	7	2	浙商证券股份有限公司
孙伟风	8	1	光大证券股份有限公司
徐林锋	9	4	华西证券股份有限公司
郭美鑫	10	2	中泰证券股份有限公司
刘越男	11	4	国泰君安证券股份有限公司
闫俊刚	12	1	广发证券股份有限公司
赵中平	13	3	招商证券股份有限公司
蔡 欣	14	2	西南证券股份有限公司

（续表）

分析师姓名	平均表现排名	平均跟踪股票数量	所属证券公司
王玮嘉	15	5	华泰证券股份有限公司
芦冠宇	16	1	国海证券股份有限公司
张 乐	17	1	广发证券股份有限公司
唐佳睿	18	2	光大证券股份有限公司
周 莎	19	2	华西证券股份有限公司
朱 珠	20	1	华鑫证券有限责任公司

表2-26 三年期分析师预测准确性评价—最佳表现（2020-05-01—2023-04-30）
行业：工业—商业服务与用品

分析师姓名	最佳表现排名	平均跟踪股票数量	所属证券公司
王玮嘉	1	5	华泰证券股份有限公司
徐 偲	2	1	国元证券股份有限公司
黄 波	3	5	华泰证券股份有限公司
刘越男	4	4	国泰君安证券股份有限公司
马 莉	5	2	浙商证券股份有限公司
赵中平	6	3	招商证券股份有限公司
刘欣畅	7	2	中泰证券股份有限公司
徐林锋	8	4	华西证券股份有限公司
穆方舟	9	3	国泰君安证券股份有限公司
朱 珺	10	1	华泰证券股份有限公司
唐佳睿	11	2	光大证券股份有限公司
杨 伟	12	1	华西证券股份有限公司
吴 双	13	4	国信证券股份有限公司
吕 明	14	2	开源证券股份有限公司
于清泰	15	2	国泰君安证券股份有限公司
戚志圣	16	3	华西证券股份有限公司
张良卫	17	1	东吴证券股份有限公司
史凡可	18	2	浙商证券股份有限公司

(续表)

分析师姓名	最佳表现排名	平均跟踪股票数量	所属证券公司
郭美鑫	19	2	中泰证券股份有限公司
李哲	20	3	民生证券股份有限公司

在2020年5月1日至2023年4月30日这三年的期间内,持续跟踪工业—商业服务与用品行业并作出每股收益预测的分析师有83名。由表2-25、表2-26可以看出,从平均预测准确性角度来看,排在前五名的分析师分别是:国元证券股份有限公司的徐偲、华泰证券股份有限公司的朱珺、东吴证券股份有限公司的张良卫、华西证券股份有限公司的杨伟和广发证券股份有限公司的郭鹏。从最佳预测准确性角度来看,排在前五名的分析师分别是:华泰证券股份有限公司的王玮嘉、国元证券股份有限公司的徐偲、华泰证券股份有限公司的黄波、国泰君安证券股份有限公司的刘越男和浙商证券股份有限公司的马莉。

表2-27 三年期分析师预测准确性评价—平均表现(2020-05-01—2023-04-30)
行业：工业—工业集团企业、建筑装饰

分析师姓名	平均表现排名	平均跟踪股票数量	所属证券公司
赵中平	1	2	招商证券股份有限公司
杨侃	2	2	平安证券股份有限公司
王琪	3	1	国盛证券有限责任公司
任菲菲	4	2	信达证券股份有限公司
何亚轩	5	18	国盛证券有限责任公司
房大磊	6	8	东吴证券股份有限公司
黄诗涛	7	9	东吴证券股份有限公司
史凡可	8	1	浙商证券股份有限公司
廖文强	9	17	国盛证券有限责任公司
郭庆龙	10	3	海通证券股份有限公司
郑南宏	11	2	平安证券股份有限公司
王席鑫	12	1	国盛证券有限责任公司
马莉	13	2	浙商证券股份有限公司
方晏荷	14	25	华泰证券股份有限公司

(续表)

分析师姓名	平均表现排名	平均跟踪股票数量	所属证券公司
韩其成	15	27	国泰君安证券股份有限公司
程龙戈	16	17	国盛证券有限责任公司
鲍荣富	17	32	天风证券股份有限公司
韩宇	18	3	中泰证券股份有限公司
张艺露	19	20	华泰证券股份有限公司
刘卓	20	1	信达证券股份有限公司

表 2-28　三年期分析师预测准确性评价—最佳表现（2020-05-01—2023-04-30）
行业：工业—工业集团企业、建筑装饰

分析师姓名	最佳表现排名	平均跟踪股票数量	所属证券公司
鲍荣富	1	32	天风证券股份有限公司
韩其成	2	27	国泰君安证券股份有限公司
方晏荷	3	25	华泰证券股份有限公司
何亚轩	4	18	国盛证券有限责任公司
黄诗涛	5	9	东吴证券股份有限公司
孟杰	6	28	兴业证券股份有限公司
孙伟风	7	16	光大证券股份有限公司
申浩	8	9	海通证券股份有限公司
王涛	9	28	天风证券股份有限公司
房大磊	10	8	东吴证券股份有限公司
廖文强	11	17	国盛证券有限责任公司
龙天光	12	23	中国银河证券股份有限公司
邹戈	13	17	广发证券股份有限公司
张欣劼	14	15	海通国际证券集团有限公司
杨侃	15	2	平安证券股份有限公司
任菲菲	16	2	信达证券股份有限公司
冯晨阳	17	9	海通证券股份有限公司
武慧东	18	13	天风证券股份有限公司

(续表)

分析师姓名	最佳表现排名	平均跟踪股票数量	所属证券公司
张艺露	19	20	华泰证券股份有限公司
程龙戈	20	17	国盛证券有限责任公司

在2020年5月1日至2023年4月30日这三年的期间内,持续跟踪工业—工业集团企业、建筑装饰行业并作出每股收益预测的分析师有68名。由表2-27、表2-28可以看出,从平均预测准确性角度来看,排在前五名的分析师分别是:招商证券股份有限公司的赵中平、平安证券股份有限公司的杨侃、国盛证券有限责任公司的王琪、信达证券股份有限公司的任菲菲和国盛证券有限责任公司的何亚轩。从最佳预测准确性角度来看,排在前五名的分析师分别是:天风证券股份有限公司的鲍荣富、国泰君安证券股份有限公司的韩其成、华泰证券股份有限公司的方晏荷、国盛证券有限责任公司的何亚轩和东吴证券股份有限公司的黄诗涛。

表2-29 三年期分析师预测准确性评价—平均表现(2020-05-01—2023-04-30)
行业:工业—机械制造

分析师姓名	平均表现排名	平均跟踪股票数量	所属证券公司
舒 迪	1	2	国泰君安证券股份有限公司
张觉尹	2	1	东兴证券股份有限公司
王 亮	3	2	广发证券股份有限公司
鄢 凡	4	2	招商证券股份有限公司
邹兰兰	5	2	长城证券股份有限公司
王华君	6	37	浙商证券股份有限公司
张恒晅	7	2	海通证券股份有限公司
耿 琛	8	3	华创证券有限责任公司
张建民	9	2	浙商证券股份有限公司
徐乔威	10	19	国泰君安证券股份有限公司
周尔双	11	31	东吴证券股份有限公司
郭 鹏	12	3	广发证券股份有限公司
黄瑞连	13	9	东吴证券股份有限公司
宋嘉吉	14	2	国盛证券有限责任公司

（续表）

分析师姓名	平均表现排名	平均跟踪股票数量	所属证券公司
王天一	15	1	东方证券股份有限公司
赵玥炜	16	4	海通证券股份有限公司
崔国涛	17	3	国开证券股份有限公司
朱贝贝	18	14	东吴证券股份有限公司
满在朋	19	23	国金证券股份有限公司
郭丽丽	20	3	天风证券股份有限公司

表 2-30 三年期分析师预测准确性评价—最佳表现(2020-05-01—2023-04-30)
行业：工业—机械制造

分析师姓名	最佳表现排名	平均跟踪股票数量	所属证券公司
刘国清	1	30	太平洋证券股份有限公司
王华君	2	37	浙商证券股份有限公司
代川	3	41	广发证券股份有限公司
李哲	4	29	民生证券股份有限公司
周尔双	5	31	东吴证券股份有限公司
朱贝贝	6	14	东吴证券股份有限公司
王志杰	7	18	山西证券股份有限公司
冯胜	8	25	中泰证券股份有限公司
吴双	9	18	国信证券股份有限公司
刘荣	10	26	招商证券股份有限公司
杨绍辉	11	11	光大证券股份有限公司
邹润芳	12	20	中航证券有限公司
关东奇来	13	22	华泰证券股份有限公司
满在朋	14	23	国金证券股份有限公司
王可	15	11	中泰证券股份有限公司
倪正洋	16	10	华泰证券股份有限公司
黄瑞连	17	9	东吴证券股份有限公司
俞能飞	18	12	西部证券股份有限公司

(续表)

分析师姓名	最佳表现排名	平均跟踪股票数量	所属证券公司
邱世梁	19	24	浙商证券股份有限公司
石　康	20	20	兴业证券股份有限公司

在2020年5月1日至2023年4月30日这三年的期间内,持续跟踪工业—机械制造行业并作出每股收益预测的分析师有133名。由表2-29、表2-30可以看出,从平均预测准确性角度来看,排在前五名的分析师分别是:国泰君安证券股份有限公司的舒迪、东兴证券股份有限公司的张觉尹、广发证券股份有限公司的王亮、招商证券股份有限公司的鄢凡和长城证券股份有限公司的邹兰兰。从最佳预测准确性角度来看,排在前五名的分析师分别是:太平洋证券股份有限公司的刘国清、浙商证券股份有限公司的王华君、广发证券股份有限公司的代川、民生证券股份有限公司的李哲和东吴证券股份有限公司的周尔双。

表2-31　三年期分析师预测准确性评价—平均表现(2020-05-01—2023-04-30)
行业：工业—环保

分析师姓名	平均表现排名	平均跟踪股票数量	所属证券公司
李　想	1	2	中信证券股份有限公司
王玮嘉	2	15	华泰证券股份有限公司
陶贻功	3	8	中国银河证券股份有限公司
刘　威	4	2	海通证券股份有限公司
吴　杰	5	4	海通证券股份有限公司
王华君	6	2	浙商证券股份有限公司
郭　鹏	7	16	广发证券股份有限公司
袁　理	8	10	东吴证券股份有限公司
徐　强	9	13	国泰君安证券股份有限公司
邱世梁	10	1	浙商证券股份有限公司
黄　波	11	15	华泰证券股份有限公司
蔡　屹	12	7	兴业证券股份有限公司
吴鑫然	13	1	广发证券股份有限公司
杨心成	14	8	国盛证券有限责任公司

（续表）

分析师姓名	平均表现排名	平均跟踪股票数量	所属证券公司
郭丽丽	15	11	天风证券股份有限公司
王颖婷	16	3	西南证券股份有限公司
许洁	17	14	广发证券股份有限公司
韩其成	18	1	国泰君安证券股份有限公司
黄秀杰	19	4	国信证券股份有限公司
王彬鹏	20	1	华创证券有限责任公司

表 2-32 三年期分析师预测准确性评价—最佳表现(2020-05-01—2023-04-30)
行业：工业—环保

分析师姓名	最佳表现排名	平均跟踪股票数量	所属证券公司
徐强	1	13	国泰君安证券股份有限公司
杨心成	2	8	国盛证券有限责任公司
郭鹏	3	16	广发证券股份有限公司
王玮嘉	4	15	华泰证券股份有限公司
蔡屹	5	7	兴业证券股份有限公司
袁理	6	10	东吴证券股份有限公司
许洁	7	14	广发证券股份有限公司
郭丽丽	8	11	天风证券股份有限公司
黄波	9	15	华泰证券股份有限公司
陶贻功	10	8	中国银河证券股份有限公司
邵潇	11	13	国泰君安证券股份有限公司
晏溶	12	7	华西证券股份有限公司
庞天一	13	6	华创证券有限责任公司
李想	14	2	中信证券股份有限公司
吴杰	15	4	海通证券股份有限公司
卢日鑫	16	3	东方证券股份有限公司
施静	17	7	东方证券股份有限公司
刘威	18	2	海通证券股份有限公司

(续表)

分析师姓名	最佳表现排名	平均跟踪股票数量	所属证券公司
黄秀杰	19	4	国信证券股份有限公司
王颖婷	20	3	西南证券股份有限公司

在2020年5月1日至2023年4月30日这三年的期间内,持续跟踪工业—环保行业并作出每股收益预测的分析师有35名。由表2-31、表2-32可以看出,从平均预测准确性角度来看,排在前五名的分析师分别是:中信证券股份有限公司的李想、华泰证券股份有限公司的王玮嘉、中国银河证券股份有限公司的陶贻功、海通证券股份有限公司的刘威和海通证券股份有限公司的吴杰。从最佳预测准确性角度来看,排在前五名的分析师分别是:国泰君安证券股份有限公司的徐强、国盛证券有限责任公司的杨心成、广发证券股份有限公司的郭鹏、华泰证券股份有限公司的王玮嘉和兴业证券股份有限公司的蔡屹。

表2-33 三年期分析师预测准确性评价—平均表现(2020-05-01—2023-04-30)
行业:工业—电力设备

分析师姓名	平均表现排名	平均跟踪股票数量	所属证券公司
张艺露	1	2	华泰证券股份有限公司
李 良	2	2	中国银河证券股份有限公司
阮巧燕	3	18	东吴证券股份有限公司
刘文平	4	5	招商证券股份有限公司
曾朵红	5	45	东吴证券股份有限公司
陈 瑶	6	18	东吴证券股份有限公司
张建业	7	1	民生证券股份有限公司
方晏荷	8	2	华泰证券股份有限公司
王志杰	9	2	山西证券股份有限公司
杨 伟	10	1	华西证券股份有限公司
王华君	11	13	浙商证券股份有限公司
陶 波	12	6	中银国际证券股份有限公司
李 斌	13	2	华泰证券股份有限公司
刘伟洁	14	3	招商证券股份有限公司

(续表)

分析师姓名	平均表现排名	平均跟踪股票数量	所属证券公司
满在朋	15	3	国金证券股份有限公司
邹　戈	16	2	广发证券股份有限公司
周　铮	17	2	招商证券股份有限公司
王　芳	18	1	中泰证券股份有限公司
黄秀瑜	19	7	东莞证券股份有限公司
鄢　凡	20	2	招商证券股份有限公司

表 2-34　三年期分析师预测准确性评价—最佳表现(2020-05-01—2023-04-30)
行业：工业—电力设备

分析师姓名	最佳表现排名	平均跟踪股票数量	所属证券公司
曾朵红	1	45	东吴证券股份有限公司
姚　遥	2	18	国金证券股份有限公司
皮　秀	3	19	平安证券股份有限公司
王　磊	4	30	中邮证券有限责任公司
彭广春	5	16	华创证券有限责任公司
游家训	6	31	招商证券股份有限公司
邓永康	7	51	民生证券股份有限公司
陈子坤	8	25	广发证券股份有限公司
李可伦	9	30	中银国际证券股份有限公司
周尔双	10	6	东吴证券股份有限公司
陈　瑶	11	18	东吴证券股份有限公司
王蔚祺	12	27	国信证券股份有限公司
于夕朦	13	10	长城证券股份有限公司
杨润思	14	20	国盛证券有限责任公司
阮巧燕	15	18	东吴证券股份有限公司
殷中枢	16	37	光大证券股份有限公司
王华君	17	13	浙商证券股份有限公司
王　帅	18	22	兴业证券股份有限公司

(续表)

分析师姓名	最佳表现排名	平均跟踪股票数量	所属证券公司
庞钧文	19	24	国泰君安证券股份有限公司
纪成炜	20	24	广发证券股份有限公司

在2020年5月1日至2023年4月30日这三年的期间内,持续跟踪工业—电力设备行业并作出每股收益预测的分析师有139名。由表2-33、表2-34可以看出,从平均预测准确性角度来看,排在前五名的分析师分别是:华泰证券股份有限公司的张艺露、中国银河证券股份有限公司的李良、东吴证券股份有限公司的阮巧燕、招商证券股份有限公司的刘文平和东吴证券股份有限公司的曾朵红。从最佳预测准确性角度来看,排在前五名的分析师分别是:东吴证券股份有限公司的曾朵红、国金证券股份有限公司的姚遥、平安证券股份有限公司的皮秀、中邮证券有限责任公司的王磊和华创证券有限责任公司的彭广春。

表2-35 三年期分析师预测准确性评价—平均表现(2020-05-01—2023-04-30)
行业:工业—航空航天与国防

分析师姓名	平均表现排名	平均跟踪股票数量	所属证券公司
鄢 凡	1	2	招商证券股份有限公司
刘 凯	2	1	光大证券股份有限公司
王 锐	3	4	光大证券股份有限公司
陈宁玉	4	1	中泰证券股份有限公司
李鹏飞	5	1	国泰君安证券股份有限公司
王天一	6	10	东方证券股份有限公司
魏雨迪	7	1	国泰君安证券股份有限公司
罗 楠	8	10	东方证券股份有限公司
彭 磊	9	4	国泰君安证券股份有限公司
王 超	10	17	招商证券股份有限公司
苏立赞	11	13	东吴证券股份有限公司
李 良	12	12	中国银河证券股份有限公司
李 聪	13	12	华泰证券股份有限公司
张 天	14	2	华安证券股份有限公司

(续表)

分析师姓名	平均表现排名	平均跟踪股票数量	所属证券公司
石　康	15	20	兴业证券股份有限公司
邱世梁	16	11	浙商证券股份有限公司
李鲁靖	17	14	天风证券股份有限公司
孟祥杰	18	15	广发证券股份有限公司
冯　函	19	9	东方证券股份有限公司
余　平	20	7	国盛证券有限责任公司

表2-36　三年期分析师预测准确性评价—最佳表现(2020-05-01—2023-04-30)
行业：工业—航空航天与国防

分析师姓名	最佳表现排名	平均跟踪股票数量	所属证券公司
石　康	1	20	兴业证券股份有限公司
王天一	2	10	东方证券股份有限公司
李　良	3	12	中国银河证券股份有限公司
苏立赞	4	13	东吴证券股份有限公司
孟祥杰	5	15	广发证券股份有限公司
王　超	6	17	招商证券股份有限公司
鄢　凡	7	2	招商证券股份有限公司
张恒晅	8	13	海通证券股份有限公司
李　聪	9	12	华泰证券股份有限公司
钱佳兴	10	12	东吴证券股份有限公司
李鲁靖	11	14	天风证券股份有限公司
罗　楠	12	10	东方证券股份有限公司
刘　凯	13	1	光大证券股份有限公司
张　超	14	21	中航证券有限公司
李博彦	15	19	兴业证券股份有限公司
尹会伟	16	19	民生证券股份有限公司
彭　磊	17	4	国泰君安证券股份有限公司
王　锐	18	4	光大证券股份有限公司

(续表)

分析师姓名	最佳表现排名	平均跟踪股票数量	所属证券公司
陈鼎如	19	11	中泰证券股份有限公司
冯 函	20	9	东方证券股份有限公司

在2020年5月1日至2023年4月30日这三年的期间内,持续跟踪工业—航空航天与国防行业并作出每股收益预测的分析师有44名。由表2-35、表2-36可以看出,从平均预测准确性角度来看,排在前五名的分析师分别是:招商证券股份有限公司的鄢凡、光大证券股份有限公司的刘凯、光大证券股份有限公司的王锐、中泰证券股份有限公司的陈宁玉和国泰君安证券股份有限公司的李鹏飞。从最佳预测准确性角度来看,排在前五名的分析师分别是:兴业证券股份有限公司的石康、东方证券股份有限公司的王天一、中国银河证券股份有限公司的李良、东吴证券股份有限公司的苏立赞和广发证券股份有限公司的孟祥杰。

表2-37 三年期分析师预测准确性评价—平均表现(2020-05-01—2023-04-30)
行业:通信服务—通信服务(含电信服务、通信设备及技术服务)

分析师姓名	平均表现排名	平均跟踪股票数量	所属证券公司
林寰宇	1	1	华泰证券股份有限公司
邢开允	2	1	西部证券股份有限公司
王凌涛	3	1	太平洋证券股份有限公司
王森泉	4	1	华泰证券股份有限公司
刘 凯	5	13	光大证券股份有限公司
唐海清	6	27	天风证券股份有限公司
黄乐平	7	13	华泰证券股份有限公司
王彦龙	8	13	国泰君安证券股份有限公司
王 亮	9	3	广发证券股份有限公司
石崎良	10	12	光大证券股份有限公司
蔡微未	11	5	光大证券股份有限公司
陈宁玉	12	12	中泰证券股份有限公司
黄 瀚	13	12	国盛证券有限责任公司
耿 琛	14	2	华创证券有限责任公司

（续表）

分析师姓名	平均表现排名	平均跟踪股票数量	所属证券公司
余芳沁	15	12	天风证券股份有限公司
谭佩雯	16	5	国泰君安证券股份有限公司
吕 伟	17	3	民生证券股份有限公司
王 楠	18	12	兴业证券股份有限公司
张 天	19	5	华安证券股份有限公司
张 超	20	3	中航证券有限公司

表 2-38 三年期分析师预测准确性评价—最佳表现（2020-05-01—2023-04-30）
行业：通信服务—通信服务（含电信服务、通信设备及技术服务）

分析师姓名	最佳表现排名	平均跟踪股票数量	所属证券公司
宋 辉	1	19	华西证券股份有限公司
刘 凯	2	13	光大证券股份有限公司
唐海清	3	27	天风证券股份有限公司
陈宁玉	4	12	中泰证券股份有限公司
柳珏廷	5	16	华西证券股份有限公司
宋嘉吉	6	14	国盛证券有限责任公司
石崎良	7	12	光大证券股份有限公司
黄 瀚	8	12	国盛证券有限责任公司
余 俊	9	13	招商证券股份有限公司
王奕红	10	17	天风证券股份有限公司
蔡微未	11	5	光大证券股份有限公司
梁程加	12	10	招商证券股份有限公司
夏清莹	13	7	万联证券股份有限公司
韩 东	14	5	华创证券有限责任公司
姜佳汛	15	16	天风证券股份有限公司
余伟民	16	15	海通证券股份有限公司
黄乐平	17	13	华泰证券股份有限公司
余 熠	18	16	华泰证券股份有限公司

(续表)

分析师姓名	最佳表现排名	平均跟踪股票数量	所属证券公司
马天诣	19	24	民生证券股份有限公司
马成龙	20	16	国信证券股份有限公司

在2020年5月1日至2023年4月30日这三年的期间内,持续跟踪通信服务—通信服务(含电信服务、通信设备及技术服务)行业并作出每股收益预测的分析师有60名。由表2-37、表2-38可以看出,从平均预测准确性角度来看,排在前五名的分析师分别是:华泰证券股份有限公司的林寰宇、西部证券股份有限公司的邢开允、太平洋证券股份有限公司的王凌涛、华泰证券股份有限公司的王森泉和光大证券股份有限公司的刘凯。从最佳预测准确性角度来看,排在前五名的分析师分别是:华西证券股份有限公司的宋辉、光大证券股份有限公司的刘凯、天风证券股份有限公司的唐海清、中泰证券股份有限公司的陈宁玉和华西证券股份有限公司的柳珏廷。

表2-39　三年期分析师预测准确性评价—平均表现(2020-05-01—2023-04-30)
行业:通信服务—传媒

分析师姓名	平均表现排名	平均跟踪股票数量	所属证券公司
范张翔	1	1	天风证券股份有限公司
乔 琪	2	6	中原证券股份有限公司
旷 实	3	19	广发证券股份有限公司
朱 珺	4	17	华泰证券股份有限公司
顾 佳	5	13	招商证券股份有限公司
项雯倩	6	4	东方证券股份有限公司
叶敏婷	7	6	广发证券股份有限公司
张良卫	8	12	东吴证券股份有限公司
刘章明	9	1	天风证券股份有限公司
周良玖	10	7	东吴证券股份有限公司
张 爽	11	8	天风证券股份有限公司
李雨琪	12	4	东方证券股份有限公司
张 衡	13	13	国信证券股份有限公司
吴 珺	14	4	国盛证券有限责任公司

(续表)

分析师姓名	平均表现排名	平均跟踪股票数量	所属证券公司
吴丛露	15	4	东方证券股份有限公司
周钊	16	17	华泰证券股份有限公司
陈筱	17	12	国泰君安证券股份有限公司
陈磊	18	2	浙商证券股份有限公司
顾晟	19	10	国盛证券有限责任公司
文浩	20	16	天风证券股份有限公司

表2-40 三年期分析师预测准确性评价—最佳表现(2020-05-01—2023-04-30)
行业：通信服务—传媒

分析师姓名	最佳表现排名	平均跟踪股票数量	所属证券公司
张衡	1	13	国信证券股份有限公司
朱珺	2	17	华泰证券股份有限公司
旷实	3	19	广发证券股份有限公司
顾晟	4	10	国盛证券有限责任公司
朱珠	5	10	华鑫证券有限责任公司
顾佳	6	13	招商证券股份有限公司
夏妍	7	13	国信证券股份有限公司
张良卫	8	12	东吴证券股份有限公司
刘言	9	21	西南证券股份有限公司
毛云聪	10	25	海通国际证券集团有限公司
周钊	11	17	华泰证券股份有限公司
项雯倩	12	4	东方证券股份有限公司
张爽	13	8	天风证券股份有限公司
高博文	14	11	东方财富证券股份有限公司
赵琳	15	7	华西证券股份有限公司
叶敏婷	16	6	广发证券股份有限公司
陈筱	17	12	国泰君安证券股份有限公司
李雨琪	18	4	东方证券股份有限公司

(续表)

分析师姓名	最佳表现排名	平均跟踪股票数量	所属证券公司
方光照	19	5	开源证券股份有限公司
陈星光	20	25	海通证券股份有限公司

在2020年5月1日至2023年4月30日这三年的期间内,持续跟踪通信服务—传媒行业并作出每股收益预测的分析师有50名。由表2-39、表2-40可以看出,从平均预测准确性角度来看,排在前五名的分析师分别是:天风证券股份有限公司的范张翔、中原证券股份有限公司的乔琪、广发证券股份有限公司的旷实、华泰证券股份有限公司的朱珺和招商证券股份有限公司的顾佳。从最佳预测准确性角度来看,排在前五名的分析师分别是:国信证券股份有限公司的张衡、华泰证券股份有限公司的朱珺、广发证券股份有限公司的旷实、国盛证券有限责任公司的顾晟和华鑫证券有限责任公司的朱珠。

表2-41　三年期分析师预测准确性评价—平均表现(2020-05-01—2023-04-30)
行业：能源—能源

分析师姓名	平均表现排名	平均跟踪股票数量	所属证券公司
代　川	1	2	广发证券股份有限公司
周　斌	2	1	国泰君安证券股份有限公司
刘　威	3	6	海通证券股份有限公司
白竣天	4	3	太平洋证券股份有限公司
潘　玮	5	1	中国银河证券股份有限公司
邓　勇	6	9	海通证券股份有限公司
周　泰	7	20	民生证券股份有限公司
赵乃迪	8	11	光大证券股份有限公司
张津铭	9	9	国盛证券有限责任公司
陈淑娴	10	3	东吴证券股份有限公司
杨　伟	11	1	华西证券股份有限公司
庄汀洲	12	2	华泰证券股份有限公司
张绪成	13	15	开源证券股份有限公司
安　鹏	14	10	广发证券股份有限公司

(续表)

分析师姓名	平均表现排名	平均跟踪股票数量	所属证券公司
吴 杰	15	11	海通证券股份有限公司
倪正洋	16	3	华泰证券股份有限公司
戴元灿	17	9	海通证券股份有限公司
薛 阳	18	13	国泰君安证券股份有限公司
朱军军	19	8	海通证券股份有限公司
李 航	20	15	民生证券股份有限公司

表 2-42　三年期分析师预测准确性评价—最佳表现(2020-05-01—2023-04-30)
行业：能源—能源

分析师姓名	最佳表现排名	平均跟踪股票数量	所属证券公司
周 泰	1	20	民生证券股份有限公司
吴 杰	2	11	海通证券股份有限公司
安 鹏	3	10	广发证券股份有限公司
张津铭	4	9	国盛证券有限责任公司
陈 晨	5	17	开源证券股份有限公司
张绪成	6	15	开源证券股份有限公司
戴元灿	7	9	海通证券股份有限公司
赵乃迪	8	11	光大证券股份有限公司
邓 勇	9	9	海通证券股份有限公司
李 航	10	15	民生证券股份有限公司
宋 炜	11	10	广发证券股份有限公司
翟 堃	12	16	国泰君安证券股份有限公司
代 川	13	2	广发证券股份有限公司
李 淼	14	11	海通证券股份有限公司
白竣天	15	3	太平洋证券股份有限公司
朱军军	16	8	海通证券股份有限公司
左前明	17	7	信达证券股份有限公司
张樨樨	18	7	天风证券股份有限公司

(续表)

分析师姓名	最佳表现排名	平均跟踪股票数量	所属证券公司
刘 威	19	6	海通证券股份有限公司
王 涛	20	10	海通证券股份有限公司

在2020年5月1日至2023年4月30日这三年的期间内,持续跟踪能源—能源行业并作出每股收益预测的分析师有44名。由表2-41、表2-42可以看出,从平均预测准确性角度来看,排在前五名的分析师分别是:广发证券股份有限公司的代川、国泰君安证券股份有限公司的周斌、海通证券股份有限公司的刘威、太平洋证券股份有限公司的白竣天和中国银河证券股份有限公司的潘玮。从最佳预测准确性角度来看,排在前五名的分析师分别是:民生证券股份有限公司的周泰、海通证券股份有限公司的吴杰、广发证券股份有限公司的安鹏、国盛证券有限责任公司的张津铭和开源证券股份有限公司的陈晨。

表2-43 三年期分析师预测准确性评价—平均表现(2020-05-01—2023-04-30)
行业:金融—银行

分析师姓名	平均表现排名	平均跟踪股票数量	所属证券公司
刘 超	1	3	华安证券股份有限公司
梁凤洁	2	19	浙商证券股份有限公司
邱冠华	3	21	浙商证券股份有限公司
陈绍兴	4	15	兴业证券股份有限公司
万思华	5	15	广发证券股份有限公司
倪 军	6	25	广发证券股份有限公司
邹恒超	7	4	长城证券股份有限公司
屈 俊	8	25	广发证券股份有限公司
孙 婷	9	26	海通证券股份有限公司
沈 娟	10	23	华泰证券股份有限公司
戴志锋	11	27	中泰证券股份有限公司
林加力	12	26	海通国际证券集团有限公司
刘志平	13	11	华西证券股份有限公司
张 宇	14	18	国泰君安证券股份有限公司

（续表）

分析师姓名	平均表现排名	平均跟踪股票数量	所属证券公司
王先爽	15	14	广发证券股份有限公司
邓美君	16	27	中泰证券股份有限公司
李晴阳	17	11	华西证券股份有限公司
廖志明	18	22	招商证券股份有限公司
郭昶皓	19	11	国泰君安证券股份有限公司
马婷婷	20	4	国盛证券有限责任公司

表2-44　三年期分析师预测准确性评价—最佳表现(2020-05-01—2023-04-30)
行业：金融—银行

分析师姓名	最佳表现排名	平均跟踪股票数量	所属证券公司
倪　军	1	25	广发证券股份有限公司
邱冠华	2	21	浙商证券股份有限公司
孙　婷	3	26	海通证券股份有限公司
梁凤洁	4	19	浙商证券股份有限公司
戴志锋	5	27	中泰证券股份有限公司
万思华	6	15	广发证券股份有限公司
沈　娟	7	23	华泰证券股份有限公司
陈绍兴	8	15	兴业证券股份有限公司
屈　俊	9	25	广发证券股份有限公司
王先爽	10	14	广发证券股份有限公司
廖志明	11	22	招商证券股份有限公司
王　剑	12	22	国信证券股份有限公司
林加力	13	26	海通国际证券集团有限公司
郭其伟	14	29	天风证券股份有限公司
王一峰	15	16	光大证券股份有限公司
刘志平	16	11	华西证券股份有限公司
邓美君	17	27	中泰证券股份有限公司
郭昶皓	18	11	国泰君安证券股份有限公司

(续表)

分析师姓名	最佳表现排名	平均跟踪股票数量	所属证券公司
贾 靖	19	24	中泰证券股份有限公司
郭 懿	20	10	万联证券股份有限公司

在2020年5月1日至2023年4月30日这三年的期间内,持续跟踪金融—银行行业并作出每股收益预测的分析师有36名。由表2-43、表2-44可以看出,从平均预测准确性角度来看,排在前五名的分析师分别是:华安证券股份有限公司的刘超、浙商证券股份有限公司的梁凤洁、浙商证券股份有限公司的邱冠华、兴业证券股份有限公司的陈绍兴和广发证券股份有限公司的万思华。从最佳预测准确性角度来看,排在前五名的分析师分别是:广发证券股份有限公司的倪军、浙商证券股份有限公司的邱冠华、海通证券股份有限公司的孙婷、浙商证券股份有限公司的梁凤洁和中泰证券股份有限公司的戴志锋。

表2-45 三年期分析师预测准确性评价—平均表现(2020-05-01—2023-04-30)
行业:金融—非银金融(含保险、资本市场、其他金融)

分析师姓名	平均表现排名	平均跟踪股票数量	所属证券公司
旷 实	1	1	广发证券股份有限公司
郑积沙	2	7	招商证券股份有限公司
孙 婷	3	24	海通证券股份有限公司
谢雨晟	4	4	国泰君安证券股份有限公司
刘 敏	5	4	财信证券股份有限公司
胡 翔	6	7	东吴证券股份有限公司
武平平	7	2	中国银河证券股份有限公司
刘欣琦	8	11	国泰君安证券股份有限公司
耿军军	9	1	国元证券股份有限公司
李 健	10	5	华泰证券股份有限公司
沈 娟	11	15	华泰证券股份有限公司
谢春生	12	1	华泰证券股份有限公司
朱 珺	13	1	华泰证券股份有限公司
陈 卉	14	5	广发证券股份有限公司

（续表）

分析师姓名	平均表现排名	平均跟踪股票数量	所属证券公司
文 浩	15	1	天风证券股份有限公司
刘文强	16	10	长城证券股份有限公司
胡 江	17	3	天风证券股份有限公司
高 超	18	9	开源证券股份有限公司
张 爽	19	1	天风证券股份有限公司
朱洁羽	20	7	东吴证券股份有限公司

表2-46 三年期分析师预测准确性评价—最佳表现（2020-05-01—2023-04-30）
行业：金融—非银金融（含保险、资本市场、其他金融）

分析师姓名	最佳表现排名	平均跟踪股票数量	所属证券公司
旷 实	1	1	广发证券股份有限公司
郑积沙	2	7	招商证券股份有限公司
陈 福	3	13	广发证券股份有限公司
胡 翔	4	7	东吴证券股份有限公司
孙 婷	5	24	海通证券股份有限公司
刘 丽	6	11	山西证券股份有限公司
刘文强	7	10	长城证券股份有限公司
刘欣琦	8	11	国泰君安证券股份有限公司
沈 娟	9	15	华泰证券股份有限公司
陈 卉	10	5	广发证券股份有限公司
李 健	11	5	华泰证券股份有限公司
夏昌盛	12	9	天风证券股份有限公司
高 超	13	9	开源证券股份有限公司
张文珺	14	10	长城证券股份有限公司
王一峰	15	12	光大证券股份有限公司
孙田田	16	7	山西证券股份有限公司
魏 涛	17	11	华西证券股份有限公司
王舫朝	18	6	信达证券股份有限公司

（续表）

分析师姓名	最佳表现排名	平均跟踪股票数量	所属证券公司
朱洁羽	19	7	东吴证券股份有限公司
王维逸	20	6	平安证券股份有限公司

在2020年5月1日至2023年4月30日这三年的期间内，持续跟踪金融—非银金融（含保险、资本市场、其他金融）行业并作出每股收益预测的分析师有55名。由表2-45、表2-46可以看出，从平均预测准确性角度来看，排在前五名的分析师分别是：广发证券股份有限公司的旷实、招商证券股份有限公司的郑积沙、海通证券股份有限公司的孙婷、国泰君安证券股份有限公司的谢雨晟和财信证券股份有限公司的刘敏。从最佳预测准确性角度来看，排在前五名的分析师分别是：广发证券股份有限公司的旷实、招商证券股份有限公司的郑积沙、广发证券股份有限公司的陈福、东吴证券股份有限公司的胡翔和海通证券股份有限公司的孙婷。

表2-47 三年期分析师预测准确性评价—平均表现(2020-05-01—2023-04-30)
行业：房地产—房地产

分析师姓名	平均表现排名	平均跟踪股票数量	所属证券公司
沈嘉婕	1	2	群益证券(香港)有限公司
郭　镇	2	12	广发证券股份有限公司
陈　慎	3	18	华泰证券股份有限公司
何缅南	4	8	光大证券股份有限公司
邢　莘	5	8	广发证券股份有限公司
乐加栋	6	12	广发证券股份有限公司
夏亦丰	7	3	中银国际证券股份有限公司
靳璐瑜	8	10	兴业证券股份有限公司
阎常铭	9	12	兴业证券股份有限公司
刘　璐	10	17	华泰证券股份有限公司
刘　翔	11	1	开源证券股份有限公司
赵旭翔	12	4	东方证券股份有限公司
涂力磊	13	22	海通证券股份有限公司
林正衡	14	17	华泰证券股份有限公司

(续表)

分析师姓名	平均表现排名	平均跟踪股票数量	所属证券公司
郑茜文	15	4	平安证券股份有限公司
杨 侃	16	8	平安证券股份有限公司
张春娥	17	4	广发证券股份有限公司
韩 笑	18	15	天风证券股份有限公司
齐 东	19	8	开源证券股份有限公司
顾熹闽	20	2	中国银河证券股份有限公司

表2-48 三年期分析师预测准确性评价—最佳表现(2020-05-01—2023-04-30)
行业：房地产—房地产

分析师姓名	最佳表现排名	平均跟踪股票数量	所属证券公司
郭 镇	1	12	广发证券股份有限公司
涂力磊	2	22	海通证券股份有限公司
陈 慎	3	18	华泰证券股份有限公司
乐加栋	4	12	广发证券股份有限公司
何缅南	5	8	光大证券股份有限公司
谢皓宇	6	9	国泰君安证券股份有限公司
邢 莘	7	8	广发证券股份有限公司
刘 璐	8	17	华泰证券股份有限公司
杨 侃	9	8	平安证券股份有限公司
沈嘉婕	10	2	群益证券(香港)有限公司
谢 盐	11	10	海通证券股份有限公司
靳璐瑜	12	10	兴业证券股份有限公司
任 鹤	13	8	国信证券股份有限公司
韩 笑	14	15	天风证券股份有限公司
白淑媛	15	7	国泰君安证券股份有限公司
林正衡	16	17	华泰证券股份有限公司
陈 立	17	9	中泰证券股份有限公司
王粤雷	18	8	国信证券股份有限公司

(续表)

分析师姓名	最佳表现排名	平均跟踪股票数量	所属证券公司
阎常铭	19	12	兴业证券股份有限公司
齐 东	20	8	开源证券股份有限公司

　　在2020年5月1日至2022年4月30日这三年的期间内,持续跟踪房地产—房地产行业并作出每股收益预测的分析师有40名。由表2-47、表2-48可以看出,从平均预测准确性角度来看,排在前五名的分析师分别是:群益证券(香港)有限公司的沈嘉婕、广发证券股份有限公司的郭镇、华泰证券股份有限公司的陈慎、光大证券股份有限公司的何缅南和广发证券股份有限公司的邢莘。从最佳预测准确性角度来看,排在前五名的分析师分别是:广发证券股份有限公司的郭镇、海通证券股份有限公司的涂力磊、华泰证券股份有限公司的陈慎、广发证券股份有限公司的乐加栋和光大证券股份有限公司的何缅南。

3 五年期证券分析师预测准确性评价

3.1 数据来源与样本说明

五年期证券分析师预测准确性评价的数据期间为 2018 年 5 月 1 日至 2023 年 4 月 30 日。所有分析师预测数据来源于 CSMAR 数据库,涉及指标包括分析师姓名、分析师编码、所属证券公司名称、预测公司证券代码、证券简称、预测终止日、预测每股收益及实际每股收益。

在对五年期证券分析师预测准确性进行评价时,我们对分析师初始研究报告及预测数据按照如下原则进行剔除:(1)剔除针对非 A 股上市公司的研究报告;(2)剔除未对公司每股收益进行预测的研究报告;(3)分析师同一预测期间内进行多次每股收益预测时,保留该预测期间内最后一次每股收益预测;(4)同一研究报告中对未来多期每股收益进行预测时,保留最近一期每股收益预测。此外,在五年期证券分析师预测准确性评价中,我们仅对连续在行业内执业满五年的分析师进行了排名。

经上述筛选后,我们最终得到参与五年期证券分析师准确性评价的分析师共 604 名。其中,主要消费—食品、饮料与烟草(除农牧渔产品)行业 39 名、主要消费—农牧渔行业 19 名、信息技术—信息技术(含半导体、计算机、电子)行业 111 名、公用事业—公用事业行业 19 名、医药卫生—医药卫生(含医疗、医药)行业 49 名、原材料—化工行业 48 名、原材料—有色金属、钢铁、非金属材料行业 56 名、原材料—轻工(含家庭与个人用品、造纸与包装)行业 37 名、可选消费—乘用车及零部件行业 39 名、可选消费—消费者服务、耐用消费品、纺织服务与珠宝行业 86 名、可选消费—零售业行业 15 名、工业—交通运输行业 26 名、工业—商业服务与用品行业 35 名、工业—工业集团企业、建筑装饰行业 32 名、工业—机械制造行业 49 名、工业—环保行业 19 名、工业—电力设备行业 64 名、工业—航空航天与国防行业 18 名、通信服务—通信服务(含电信服务、通信设备及技术服务)行业 19 名、通信服务—传媒行业 26 名、能源—能源行业 22 名、金融—银行行业 20 名、金融—非银金融(含保险、资本市场、其他金融)行业 24 名、房地产—房地产行业 21 名①。

3.2 五年期证券分析师预测准确性评价结果

我们按照第一章介绍的计算方法,首先计算出各行业内每位分析师各年度每股收益预测的平均表现得分及最佳表现得分,在此基础上对分析师在行业内五年表现(平均表现和最佳表现两个维度)得分求平均,按照五年平均标准分由低到高进行排序②,若标准分相同,平均跟踪行业公司数量多的优先,若仍相同,按分析师姓名排序。按上述方法得到五年期的分行业证券分析师预测准确性排名如下,因篇幅所限,我们只列示了各行业内排名前 10 名的分析师,若不足 10 名,则全部列示。

表 3-1 五年期分析师预测准确性评价—平均表现(2018-05-01—2023-04-30)
行业:主要消费—食品、饮料与烟草(除农牧渔产品)

分析师姓名	平均表现排名	平均跟踪股票数量	所属证券公司
符 蓉	1	29	国盛证券有限责任公司
叶倩瑜	2	24	光大证券股份有限公司
刘文正	3	1	民生证券股份有限公司
訾 猛	4	29	国泰君安证券股份有限公司
薛玉虎	5	26	国海证券股份有限公司
王永锋	6	29	广发证券股份有限公司
苏 铖	7	32	兴业证券股份有限公司
马 莉	8	14	浙商证券股份有限公司
吴 立	9	6	天风证券股份有限公司
朱会振	10	26	西南证券股份有限公司

---

① 因存在同一分析师跟踪不同行业的情况,因此证券分析师总数与各行业分析师数量加总数不一致。
② 标准分越低,预测误差相对越小,预测准确度相对越高。

表 3-2　五年期分析师预测准确性评价—最佳表现(2018-05-01—2023-04-30)
行业：主要消费—食品、饮料与烟草(除农牧渔产品)

分析师姓名	最佳表现排名	平均跟踪股票数量	所属证券公司
苏铖	1	32	兴业证券股份有限公司
薛玉虎	2	26	国海证券股份有限公司
范劲松	3	31	中泰证券股份有限公司
符蓉	4	29	国盛证券有限责任公司
叶书怀	5	19	东方证券股份有限公司
董广阳	6	28	华创证券有限责任公司
王永锋	7	29	广发证券股份有限公司
朱会振	8	26	西南证券股份有限公司
叶倩瑜	9	24	光大证券股份有限公司
魏红梅	10	11	东莞证券股份有限公司

在 2018 年 5 月 1 日至 2023 年 4 月 30 日这五年的期间内,持续跟踪主要消费—食品、饮料与烟草(除农牧渔产品)行业并作出每股收益预测的分析师有 39 名。由表 3-1、表 3-2 可以看出,从平均预测准确性角度来看,排在前五名的分析师分别是：国盛证券有限责任公司的符蓉、光大证券股份有限公司的叶倩瑜、民生证券股份有限公司的刘文正、国泰君安证券股份有限公司的訾猛和国海证券股份有限公司的薛玉虎。从最佳预测准确性角度来看,排在前五名的分析师分别是：兴业证券股份有限公司的苏铖、国海证券股份有限公司的薛玉虎、中泰证券股份有限公司的范劲松、国盛证券有限责任公司的符蓉和东方证券股份有限公司的叶书怀。

表 3-3　五年期分析师预测准确性评价—平均表现(2018-05-01—2023-04-30
行业：主要消费—农牧渔

分析师姓名	平均表现排名	平均跟踪股票数量	所属证券公司
王乾	1	8	广发证券股份有限公司
鲁家瑞	2	14	国信证券股份有限公司
钟凯锋	3	16	国泰君安证券股份有限公司

（续表）

分析师姓名	平均表现排名	平均跟踪股票数量	所属证券公司
孟维肖	4	6	浙商证券股份有限公司
徐 卿	5	9	西南证券股份有限公司
吴 立	6	17	天风证券股份有限公司
钱 浩	7	7	广发证券股份有限公司
王 莺	8	7	华安证券股份有限公司
熊承慧	9	11	华泰证券股份有限公司
李晓渊	10	13	国泰君安证券股份有限公司

表3-4　五年期分析师预测准确性评价—最佳表现(2018-05-01—2023-04-30)
行业：主要消费—农牧渔

分析师姓名	最佳表现排名	平均跟踪股票数量	所属证券公司
钟凯锋	1	16	国泰君安证券股份有限公司
吴 立	2	17	天风证券股份有限公司
王 乾	3	8	广发证券股份有限公司
鲁家瑞	4	14	国信证券股份有限公司
陈雪丽	5	13	开源证券股份有限公司
谢芝优	6	8	中国银河证券股份有限公司
钱 浩	7	7	广发证券股份有限公司
熊承慧	8	11	华泰证券股份有限公司
李晓渊	9	13	国泰君安证券股份有限公司
王 莺	10	7	华安证券股份有限公司

在2018年5月1日至2023年4月30日这三年的期间内,持续跟踪主要消费—农牧渔行业并作出每股收益预测的分析师有19名。由表3-3、表3-4可以看出,从平均预测准确性角度来看,排在前五名的分析师分别是：广发证券股份有限公司的王乾、国信证券股份有限公司的鲁家瑞、国泰君安证券股份有限公司的钟凯

锋、浙商证券股份有限公司的孟维肖和西南证券股份有限公司的徐卿。从最佳预测准确性角度来看，排在前五名的分析师分别是：国泰君安证券股份有限公司的钟凯锋、天风证券股份有限公司的吴立、广发证券股份有限公司的王乾、国信证券股份有限公司的鲁家瑞和开源证券股份有限公司的陈雪丽。

表3-5　五年期分析师预测准确性评价—平均表现（2018-05-01—2023-04-30）
　　　　行业：信息技术—信息技术（含半导体、计算机及电子）

分析师姓名	平均表现排名	平均跟踪股票数量	所属证券公司
余　平	1	2	国盛证券有限责任公司
王华君	2	5	浙商证券股份有限公司
余　俊	3	6	招商证券股份有限公司
郭丽丽	4	1	天风证券股份有限公司
黄乐平	5	41	华泰证券股份有限公司
周尔双	6	6	东吴证券股份有限公司
毛　正	7	18	华鑫证券有限责任公司
刘　言	8	12	西南证券股份有限公司
鄢　凡	9	28	招商证券股份有限公司
高宏博	10	5	浙商证券股份有限公司

表3-6　五年期分析师预测准确性评价—最佳表现（2018-05-01—2023-04-30）
　　　　行业：信息技术—信息技术（含半导体、计算机及电子）

分析师姓名	最佳表现排名	平均跟踪股票数量	所属证券公司
黄乐平	1	41	华泰证券股份有限公司
郑震湘	2	41	国盛证券有限责任公司
刘　凯	3	41	光大证券股份有限公司
蒋佳霖	4	23	兴业证券股份有限公司
刘雪峰	5	24	广发证券股份有限公司
刘高畅	6	33	国盛证券有限责任公司

(续表)

分析师姓名	最佳表现排名	平均跟踪股票数量	所属证券公司
郑宏达	7	53	海通证券股份有限公司
许兴军	8	37	广发证券股份有限公司
闻学臣	9	25	中泰证券股份有限公司
杨思睿	10	20	中银国际证券股份有限公司

在2018年5月1日至2023年4月30日这五年的期间内,持续跟踪信息技术—信息技术(含半导体、计算机及电子)行业并作出每股收益预测的分析师有111名。由表3-5、表3-6可以看出,从平均预测准确性角度来看,排在前五名的分析师分别是:国盛证券有限责任公司的余平、浙商证券股份有限公司的王华君、招商证券股份有限公司的余俊、天风证券股份有限公司的郭丽丽和华泰证券股份有限公司的黄乐平。从最佳预测准确性角度来看,排在前五名的分析师分别是:华泰证券股份有限公司的黄乐平、国盛证券有限责任公司的郑震湘、光大证券股份有限公司的刘凯、兴业证券股份有限公司的蒋佳霖和广发证券股份有限公司的刘雪峰。

表3-7 五年期分析师预测准确性评价—平均表现(2018-05-01—2023-04-30)
行业:公用事业—公用事业

分析师姓名	平均表现排名	平均跟踪股票数量	所属证券公司
殷中枢	1	2	光大证券股份有限公司
袁理	2	3	东吴证券股份有限公司
庞天一	3	4	华创证券有限责任公司
严家源	4	9	民生证券股份有限公司
杨心成	5	3	国盛证券有限责任公司
吴杰	6	7	海通证券股份有限公司
郭鹏	7	12	广发证券股份有限公司
于夕朦	8	10	长城证券股份有限公司
蔡屹	9	13	兴业证券股份有限公司
王玮嘉	10	19	华泰证券股份有限公司

表 3-8 五年期分析师预测准确性评价—最佳表现(2018-05-01—2023-04-30)
行业：公用事业—公用事业

分析师姓名	最佳表现排名	平均跟踪股票数量	所属证券公司
于夕朦	1	10	长城证券股份有限公司
郭丽丽	2	18	天风证券股份有限公司
王玮嘉	3	19	华泰证券股份有限公司
蔡屹	4	13	兴业证券股份有限公司
严家源	5	9	民生证券股份有限公司
王颖婷	6	8	西南证券股份有限公司
庞天一	7	4	华创证券有限责任公司
郭鹏	8	12	广发证券股份有限公司
杨心成	9	3	国盛证券有限责任公司
王威	10	10	光大证券股份有限公司

在2018年5月1日至2023年4月30日这五年的期间内，持续跟踪公用事业—公用事业行业并作出每股收益预测的分析师有19名。由表3-7、表3-8可以看出，从平均预测准确性角度来看，排在前五名的分析师分别是：光大证券股份有限公司的殷中枢、东吴证券股份有限公司的袁理、华创证券有限责任公司的庞天一、民生证券股份有限公司的严家源和国盛证券有限责任公司的杨心成。从最佳预测准确性角度来看，排在前五名的分析师分别是：长城证券股份有限公司的于夕朦、天风证券股份有限公司的郭丽丽、华泰证券股份有限公司的王玮嘉、兴业证券股份有限公司的蔡屹和民生证券股份有限公司的严家源。

表 3-9 五年期分析师预测准确性评价—平均表现(2018-05-01—2023-04-30)
行业：医药卫生—医药卫生(含医疗、医药)

分析师姓名	平均表现排名	平均跟踪股票数量	所属证券公司
李辉	1	1	浙商证券股份有限公司
袁维	2	23	国金证券股份有限公司
周豫	3	6	中邮证券有限责任公司

(续表)

分析师姓名	平均表现排名	平均跟踪股票数量	所属证券公司
谢木青	4	17	中泰证券股份有限公司
胡偌碧	5	14	国盛证券有限责任公司
张金洋	6	46	国盛证券有限责任公司
丁丹	7	42	国泰君安证券股份有限公司
高岳	8	17	华创证券有限责任公司
蔡明子	9	20	开源证券股份有限公司
代雯	10	34	华泰证券股份有限公司

表3-10 五年期分析师预测准确性评价—最佳表现(2018-05-01—2023-04-30)
行业：医药卫生—医药卫生(含医疗、医药)

分析师姓名	最佳表现排名	平均跟踪股票数量	所属证券公司
张金洋	1	46	国盛证券有限责任公司
林小伟	2	49	光大证券股份有限公司
叶寅	3	30	平安证券股份有限公司
代雯	4	34	华泰证券股份有限公司
袁维	5	23	国金证券股份有限公司
丁丹	6	42	国泰君安证券股份有限公司
高岳	7	17	华创证券有限责任公司
罗佳荣	8	41	广发证券股份有限公司
崔文亮	9	36	华西证券股份有限公司
谢木青	10	17	中泰证券股份有限公司

在2018年5月1日至2023年4月30日这五年的期间内，持续跟踪医药卫生—医药卫生(含医疗、医药)行业并作出每股收益预测的分析师有49名。由表3-9、表3-10可以看出，从平均预测准确性角度来看，排在前五名的分析师分别是：浙商证券股份有限公司的李辉、国金证券股份有限公司的袁维、中邮证券有限

责任公司的周豫、中泰证券股份有限公司的谢木青和国盛证券有限责任公司的胡皓碧。从最佳预测准确性角度来看,排在前五名的分析师分别是:国盛证券有限责任公司的张金洋、光大证券股份有限公司的林小伟、平安证券股份有限公司的叶寅、华泰证券股份有限公司的代雯和国金证券股份有限公司的袁维。

表3-11 五年期分析师预测准确性评价—平均表现(2018-05-01—2023-04-30)
行业:原材料—化工

分析师姓名	平均表现排名	平均跟踪股票数量	所属证券公司
鲍荣富	1	5	天风证券股份有限公司
蒯 剑	2	1	东方证券股份有限公司
陶贻功	3	9	中国银河证券股份有限公司
吴 立	4	3	天风证券股份有限公司
石 康	5	2	兴业证券股份有限公司
鲍雁辛	6	6	国泰君安证券股份有限公司
周 铮	7	22	招商证券股份有限公司
刘 威	8	63	海通证券股份有限公司
杨 林	9	33	国信证券股份有限公司
曹承安	10	13	招商证券股份有限公司

表3-12 五年期分析师预测准确性评价—最佳表现(2018-05-01—2023-04-30)
行业:原材料—化工

分析师姓名	最佳表现排名	平均跟踪股票数量	所属证券公司
刘 威	1	63	海通证券股份有限公司
周 铮	2	22	招商证券股份有限公司
李永磊	3	27	国海证券股份有限公司
杨 林	4	33	国信证券股份有限公司
邓 勇	5	27	海通证券股份有限公司
曹承安	6	13	招商证券股份有限公司

(续表)

分析师姓名	最佳表现排名	平均跟踪股票数量	所属证券公司
杨 伟	7	26	华西证券股份有限公司
李 辉	8	21	浙商证券股份有限公司
王席鑫	9	18	国盛证券有限责任公司
陶贻功	10	9	中国银河证券股份有限公司

在2018年5月1日至2023年4月30日这五年的期间内,持续跟踪原材料—化工行业并作出每股收益预测的分析师有48名。由表3-11、表3-12可以看出,从平均预测准确性角度来看,排在前五名的分析师分别是:天风证券股份有限公司的鲍荣富、东方证券股份有限公司的蒯剑、中国银河证券股份有限公司的陶贻功、天风证券股份有限公司的吴立和兴业证券股份有限公司的石康。从最佳预测准确性角度来看,排在前五名的分析师分别是:海通证券股份有限公司的刘威、招商证券股份有限公司的周铮、国海证券股份有限公司的李永磊、国信证券股份有限公司的杨林和海通证券股份有限公司的邓勇。

表3-13 五年期分析师预测准确性评价—平均表现(2018-05-01—2023-04-30)
行业:原材料—有色金属、钢铁、非金属材料

分析师姓名	平均表现排名	平均跟踪股票数量	所属证券公司
曾朵红	1	1	东吴证券股份有限公司
房大磊	2	3	东吴证券股份有限公司
杨 林	3	3	国信证券股份有限公司
李鹏飞	4	29	国泰君安证券股份有限公司
孙伟风	5	5	光大证券股份有限公司
赖福洋	6	11	兴业证券股份有限公司
黄诗涛	7	7	东吴证券股份有限公司
邹 戈	8	8	广发证券股份有限公司
鲍雁辛	9	26	国泰君安证券股份有限公司
张绪成	10	1	开源证券股份有限公司

表 3-14　五年期分析师预测准确性评价—最佳表现(2018-05-01—2023-04-30)

行业：原材料—有色金属、钢铁、非金属材料

分析师姓名	最佳表现排名	平均跟踪股票数量	所属证券公司
邱祖学	1	40	民生证券股份有限公司
李　斌	2	29	华泰证券股份有限公司
鲍雁辛	3	26	国泰君安证券股份有限公司
丁士涛	4	12	中邮证券有限责任公司
李鹏飞	5	29	国泰君安证券股份有限公司
鲍荣富	6	17	天风证券股份有限公司
刘文平	7	18	招商证券股份有限公司
陈浩武	8	11	中银国际证券股份有限公司
巨国贤	9	18	广发证券股份有限公司
李帅华	10	17	中邮证券有限责任公司

在 2018 年 5 月 1 日至 2023 年 4 月 30 日这五年的期间内,持续跟踪原材料—有色金属、钢铁、非金属材料行业并作出每股收益预测的分析师有 56 名。由表 3-13、表 3-14 可以看出,从平均预测准确性角度来看,排在前五名的分析师分别是：东吴证券股份有限公司的曾朵红、东吴证券股份有限公司的房大磊、国信证券股份有限公司的杨林、国泰君安证券股份有限公司的李鹏飞和光大证券股份有限公司的孙伟风。从最佳预测准确性角度来看,排在前五名的分析师分别是：民生证券股份有限公司的邱祖学、华泰证券股份有限公司的李斌、国泰君安证券股份有限公司的鲍雁辛、中邮证券有限责任公司的丁士涛和国泰君安证券股份有限公司的李鹏飞。

表 3-15　五年期分析师预测准确性评价—平均表现(2018-05-01—2023-04-30)

行业：原材料—轻工(含家庭与个人用品、造纸与包装)

分析师姓名	平均表现排名	平均跟踪股票数量	所属证券公司
邹　戈	1	1	广发证券股份有限公司
刘　威	2	1	海通证券股份有限公司
谢　璐	3	1	广发证券股份有限公司

(续表)

分析师姓名	平均表现排名	平均跟踪股票数量	所属证券公司
鲍荣富	4	2	天风证券股份有限公司
马 莉	5	13	浙商证券股份有限公司
訾 猛	6	6	国泰君安证券股份有限公司
鲍雁辛	7	2	国泰君安证券股份有限公司
邹文婕	8	3	东吴证券股份有限公司
张 潇	9	3	东吴证券股份有限公司
吴劲草	10	5	东吴证券股份有限公司

表3-16 五年期分析师预测准确性评价—最佳表现(2018-05-01—2023-04-30)
行业：原材料—轻工(含家庭与个人用品、造纸与包装)

分析师姓名	最佳表现排名	平均跟踪股票数量	所属证券公司
吴劲草	1	5	东吴证券股份有限公司
马 莉	2	13	浙商证券股份有限公司
穆方舟	3	9	国泰君安证券股份有限公司
刘嘉仁	4	6	信达证券股份有限公司
蔡 欣	5	9	西南证券股份有限公司
郭庆龙	6	9	海通证券股份有限公司
徐林锋	7	10	华西证券股份有限公司
赵中平	8	11	招商证券股份有限公司
张 潇	9	3	东吴证券股份有限公司
李宏鹏	10	9	信达证券股份有限公司

在2019年5月1日至2023年4月30日这五年的期间内，持续跟踪原材料—轻工(含家庭与个人用品、造纸与包装)行业并作出每股收益预测的分析师有37名。由表3-15、表3-16可以看出，从平均预测准确性角度来看，排在前五名的分析师分别是：广发证券股份有限公司的邹戈、海通证券股份有限公司的刘威、广发证券股份有

限公司的谢璐、天风证券股份有限公司的鲍荣富和浙商证券股份有限公司的马莉。从最佳预测准确性角度来看,排在前五名的分析师分别是:东吴证券股份有限公司的吴劲草、浙商证券股份有限公司的马莉、国泰君安证券股份有限公司的穆方舟、信达证券股份有限公司的刘嘉仁和西南证券股份有限公司的蔡欣。

表3-17　五年期分析师预测准确性评价—平均表现(2018-05-01—2023-04-30)
行业:可选消费—乘用车及零部件

分析师姓名	平均表现排名	平均跟踪股票数量	所属证券公司
李永磊	1	2	国海证券股份有限公司
邓健全	2	15	开源证券股份有限公司
黄细里	3	12	东吴证券股份有限公司
张程航	4	14	华创证券有限责任公司
尹　斌	5	1	华鑫证券有限责任公司
吴晓飞	6	19	国泰君安证券股份有限公司
曾朵红	7	2	东吴证券股份有限公司
刘　威	8	3	海通证券股份有限公司
开文明	9	3	上海证券有限责任公司
王德安	10	11	平安证券股份有限公司

表3-18　五年期分析师预测准确性评价—最佳表现(2018-05-01—2023-04-30)
行业:可选消费—乘用车及零部件

分析师姓名	最佳表现排名	平均跟踪股票数量	所属证券公司
汪刘胜	1	19	招商证券股份有限公司
黄细里	2	12	东吴证券股份有限公司
白　宇	3	17	太平洋证券股份有限公司
戴　畅	4	20	兴业证券股份有限公司
张程航	5	14	华创证券有限责任公司
朱　朋	6	15	中银国际证券股份有限公司

(续表)

分析师姓名	最佳表现排名	平均跟踪股票数量	所属证券公司
姜雪晴	7	18	东方证券股份有限公司
吴晓飞	8	19	国泰君安证券股份有限公司
于 特	9	23	天风证券股份有限公司
王德安	10	11	平安证券股份有限公司

在2018年5月1日至2023年4月30日这五年的期间内,持续跟踪可选消费—乘用车及零部件行业并作出每股收益预测的分析师有39名。由表3-17、表3-18可以看出,从平均预测准确性角度来看,排在前五名的分析师分别是：国海证券股份有限公司的李永磊、开源证券股份有限公司的邓健全、东吴证券股份有限公司的黄细里、华创证券有限责任公司的张程航和华鑫证券有限责任公司的尹斌。从最佳预测准确性角度来看,排在前五名的分析师分别是：招商证券股份有限公司的汪刘胜、东吴证券股份有限公司的黄细里、太平洋证券股份有限公司的白宇、兴业证券股份有限公司的戴畅和华创证券有限责任公司的张程航。

表3-19 五年期分析师预测准确性评价—平均表现(2018-05-01—2023-04-30)
行业：可选消费—消费者服务、耐用消费品、纺织服务与珠宝

分析师姓名	平均表现排名	平均跟踪股票数量	所属证券公司
洪 涛	1	5	广发证券股份有限公司
唐佳睿	2	7	光大证券股份有限公司
蔡雯娟	3	20	国泰君安证券股份有限公司
马 莉	4	32	浙商证券股份有限公司
张良卫	5	2	东吴证券股份有限公司
张立聪	6	18	安信证券股份有限公司
汤 军	7	6	东吴证券股份有限公司
曾 光	8	17	国信证券股份有限公司
曾 婵	9	20	广发证券股份有限公司
吕 明	10	28	开源证券股份有限公司

表 3-20　五年期分析师预测准确性评价—最佳表现(2018-05-01—2023-04-30)
行业：可选消费—消费者服务、耐用消费品、纺织服务与珠宝

分析师姓名	最佳表现排名	平均跟踪股票数量	所属证券公司
马　莉	1	32	浙商证券股份有限公司
蔡　欣	2	15	西南证券股份有限公司
徐林锋	3	12	华西证券股份有限公司
林寰宇	4	20	华泰证券股份有限公司
曾　婵	5	20	广发证券股份有限公司
吕　明	6	28	开源证券股份有限公司
蔡雯娟	7	20	国泰君安证券股份有限公司
糜韩杰	8	23	广发证券股份有限公司
王　冯	9	13	山西证券股份有限公司
陈子仪	10	16	海通证券股份有限公司

在2018年5月1日至2023年4月30日这五年的期间内，持续跟踪可选消费—消费者服务、耐用消费品、纺织服务与珠宝行业并作出每股收益预测的分析师有86名。由表3-19、表3-20可以看出，从平均预测准确性角度来看，排在前五名的分析师分别是：广发证券股份有限公司的洪涛、光大证券股份有限公司的唐佳睿、国泰君安证券股份有限公司的蔡雯娟、浙商证券股份有限公司的马莉和东吴证券股份有限公司的张良卫。从最佳预测准确性角度来看，排在前五名的分析师分别是：浙商证券股份有限公司的马莉、西南证券股份有限公司的蔡欣、华西证券股份有限公司的徐林锋、华泰证券股份有限公司的林寰宇和广发证券股份有限公司的曾婵。

表 3-21　五年期分析师预测准确性评价—平均表现(2018-05-01—2023-04-30)
行业：可选消费—零售业

分析师姓名	平均表现排名	平均跟踪股票数量	所属证券公司
訾　猛	1	9	国泰君安证券股份有限公司
唐佳睿	2	21	光大证券股份有限公司
汪立亭	3	10	海通国际证券集团有限公司

(续表)

分析师姓名	平均表现排名	平均跟踪股票数量	所属证券公司
刘文正	4	6	民生证券股份有限公司
王薇娜	5	2	华创证券有限责任公司
李宏科	6	9	海通国际证券集团有限公司
马莉	7	2	浙商证券股份有限公司
林寰宇	8	4	华泰证券股份有限公司
洪涛	9	9	广发证券股份有限公司
丁浙川	10	10	招商证券股份有限公司

表 3-22　五年期分析师预测准确性评价—最佳表现(2018-05-01—2023-04-30)
行业：可选消费—零售业

分析师姓名	最佳表现排名	平均跟踪股票数量	所属证券公司
唐佳睿	1	21	光大证券股份有限公司
刘文正	2	6	民生证券股份有限公司
汪立亭	3	10	海通国际证券集团有限公司
洪涛	4	9	广发证券股份有限公司
李宏科	5	9	海通国际证券集团有限公司
丁浙川	6	10	招商证券股份有限公司
訾猛	7	9	国泰君安证券股份有限公司
刘章明	8	12	天风证券股份有限公司
高瑜	9	6	海通国际证券集团有限公司
林寰宇	10	4	华泰证券股份有限公司

在 2017 年 5 月 1 日至 2022 年 4 月 30 日这五年的期间内，持续跟踪可选消费—零售业行业并作出每股收益预测的分析师有 15 名。由表 3-21、表 3-22 可以看出，从平均预测准确性角度来看，排在前五名的分析师分别是：国泰君安证券股份有限公司的訾猛、光大证券股份有限公司的唐佳睿、海通证券股份有限公司的汪

立亭、民生证券股份有限公司的刘文正和华创证券有限责任公司的王薇娜。从最佳预测准确性角度来看,排在前五名的分析师分别是:光大证券股份有限公司的唐佳睿、民生证券股份有限公司的刘文正、海通证券股份有限公司的汪立亭、广发证券股份有限公司的洪涛和海通证券股份有限公司的李宏科。

表3-23　五年期分析师预测准确性评价—平均表现(2018-05-01—2023-04-30)
行业:工业—交通运输

分析师姓名	平均表现排名	平均跟踪股票数量	所属证券公司
刘　威	1	1	海通证券股份有限公司
刘海荣	2	1	民生证券股份有限公司
吴一凡	3	23	华创证券有限责任公司
岳　鑫	4	8	国泰君安证券股份有限公司
苏宝亮	5	19	招商证券股份有限公司
张晓云	6	24	兴业证券股份有限公司
沈晓峰	7	35	华泰证券股份有限公司
姜　明	8	20	国信证券股份有限公司
黄凡洋	9	7	华泰证券股份有限公司
黄　盈	10	5	国信证券股份有限公司

表3-24　五年期分析师预测准确性评价—最佳表现(2018-05-01—2023-04-30)
行业:工业—交通运输

分析师姓名	最佳表现排名	平均跟踪股票数量	所属证券公司
吴一凡	1	23	华创证券有限责任公司
沈晓峰	2	35	华泰证券股份有限公司
张晓云	3	24	兴业证券股份有限公司
苏宝亮	4	19	招商证券股份有限公司
姜　明	5	20	国信证券股份有限公司
陈照林	6	10	华福证券有限责任公司

(续表)

分析师姓名	最佳表现排名	平均跟踪股票数量	所属证券公司
袁 钉	7	11	华泰证券股份有限公司
张 功	8	7	首创证券股份有限公司
匡培钦	9	12	浙商证券股份有限公司
许 可	10	9	国海证券股份有限公司

在2018年5月1日至2023年4月30日这五年的期间内,持续跟踪工业—交通运输行业并作出每股收益预测的分析师有26名。由表3-23、表3-24可以看出,从平均预测准确性角度来看,排在前五名的分析师分别是:海通证券股份有限公司的刘威、民生证券股份有限公司的刘海荣、华创证券有限责任公司的吴一凡、国泰君安证券股份有限公司的岳鑫和招商证券股份有限公司的苏宝亮。从最佳预测准确性角度来看,排在前五名的分析师分别是:华创证券有限责任公司的吴一凡、华泰证券股份有限公司的沈晓峰、兴业证券股份有限公司的张晓云、招商证券股份有限公司的苏宝亮和国信证券股份有限公司的姜明。

表3-25 五年期分析师预测准确性评价—平均表现(2018-05-01—2023-04-30)
行业:工业—商业服务与用品

分析师姓名	平均表现排名	平均跟踪股票数量	所属证券公司
马 莉	1	3	浙商证券股份有限公司
徐林锋	2	4	华西证券股份有限公司
郭 鹏	3	1	广发证券股份有限公司
王玮嘉	4	4	华泰证券股份有限公司
史凡可	5	2	浙商证券股份有限公司
赵中平	6	3	招商证券股份有限公司
唐佳睿	7	2	光大证券股份有限公司
孙伟风	8	1	光大证券股份有限公司
方晏荷	9	4	华泰证券股份有限公司
陈 笑	10	2	国泰君安证券股份有限公司

表 3-26　五年期分析师预测准确性评价—最佳表现(2018-05-01—2023-04-30)
行业：工业—商业服务与用品

分析师姓名	最佳表现排名	平均跟踪股票数量	所属证券公司
徐林锋	1	4	华西证券股份有限公司
马　莉	2	3	浙商证券股份有限公司
王玮嘉	3	4	华泰证券股份有限公司
赵中平	4	3	招商证券股份有限公司
史凡可	5	2	浙商证券股份有限公司
穆方舟	6	3	国泰君安证券股份有限公司
唐佳睿	7	2	光大证券股份有限公司
方晏荷	8	4	华泰证券股份有限公司
曾　光	9	2	国信证券股份有限公司
李宏鹏	10	3	信达证券股份有限公司

在 2018 年 5 月 1 日至 2023 年 4 月 30 日这五年的期间内，持续跟踪工业—商业服务与用品行业并作出每股收益预测的分析师有 35 名。由表 3-25、表 3-26 可以看出，从平均预测准确性角度来看，排在前五名的分析师分别是：浙商证券股份有限公司的马莉、华西证券股份有限公司的徐林锋、广发证券股份有限公司的郭鹏、华泰证券股份有限公司的王玮嘉和浙商证券股份有限公司的史凡可。从最佳预测准确性角度来看，排在前五名的分析师分别是：华西证券股份有限公司的徐林锋、浙商证券股份有限公司的马莉、华泰证券股份有限公司的王玮嘉、招商证券股份有限公司的赵中平和浙商证券股份有限公司的史凡可。

表 3-27　五年期分析师预测准确性评价—平均表现(2018-05-01—2023-04-30)
行业：工业—工业集团企业、建筑装饰

分析师姓名	平均表现排名	平均跟踪股票数量	所属证券公司
杨　侃	1	2	平安证券股份有限公司
何亚轩	2	15	国盛证券有限责任公司
徐林锋	3	1	华西证券股份有限公司

(续表)

分析师姓名	平均表现排名	平均跟踪股票数量	所属证券公司
冯晨阳	4	6	海通证券股份有限公司
韩其成	5	27	国泰君安证券股份有限公司
任菲菲	6	3	信达证券股份有限公司
鲍荣富	7	29	天风证券股份有限公司
黄诗涛	8	7	东吴证券股份有限公司
方晏荷	9	25	华泰证券股份有限公司
黄涛	10	2	国泰君安证券股份有限公司

表 3-28 五年期分析师预测准确性评价—最佳表现(2018-05-01—2023-04-30)
行业：工业—工业集团企业、建筑装饰

分析师姓名	最佳表现排名	平均跟踪股票数量	所属证券公司
鲍荣富	1	29	天风证券股份有限公司
韩其成	2	27	国泰君安证券股份有限公司
方晏荷	3	25	华泰证券股份有限公司
孟杰	4	24	兴业证券股份有限公司
孙伟风	5	15	光大证券股份有限公司
何亚轩	6	15	国盛证券有限责任公司
唐笑	7	21	招商证券股份有限公司
黄杨	8	7	兴业证券股份有限公司
程龙戈	9	14	国盛证券有限责任公司
张欣劼	10	12	海通国际证券集团有限公司

在 2018 年 5 月 1 日至 2023 年 4 月 30 日这五年的期间内，持续跟踪工业—工业集团企业、建筑装饰行业并作出每股收益预测的分析师有 32 名。由表3-27、表3-28 可以看出，从平均预测准确性角度来看，排在前五名的分析师分别是：平安证券股份有限公司的杨侃、国盛证券有限责任公司的何亚轩、华西证券股份有限公

司的徐林锋、海通证券股份有限公司的冯晨阳和国泰君安证券股份有限公司的韩其成。从最佳预测准确性角度来看,排在前五名的分析师分别是:天风证券股份有限公司的鲍荣富、国泰君安证券股份有限公司的韩其成、华泰证券股份有限公司的方晏荷、兴业证券股份有限公司的孟杰和光大证券股份有限公司的孙伟风。

表 3-29　五年期分析师预测准确性评价—平均表现(2018-05-01—2023-04-30)
行业:工业—机械制造

分析师姓名	平均表现排名	平均跟踪股票数量	所属证券公司
邹兰兰	1	2	长城证券股份有限公司
王华君	2	30	浙商证券股份有限公司
周尔双	3	24	东吴证券股份有限公司
殷中枢	4	3	光大证券股份有限公司
郭鹏	5	3	广发证券股份有限公司
汪刘胜	6	3	招商证券股份有限公司
张乐	7	3	广发证券股份有限公司
王志杰	8	19	山西证券股份有限公司
李哲	9	27	民生证券股份有限公司
鲁佩	10	15	中国银河证券股份有限公司

表 3-30　五年期分析师预测准确性评价—最佳表现(2018-05-01—2023-04-30)
行业:工业—机械制造

分析师姓名	最佳表现排名	平均跟踪股票数量	所属证券公司
刘国清	1	31	太平洋证券股份有限公司
李哲	2	27	民生证券股份有限公司
冯胜	3	23	中泰证券股份有限公司
邹润芳	4	23	中航证券有限公司
刘荣	5	28	招商证券股份有限公司
周尔双	6	24	东吴证券股份有限公司

(续表)

分析师姓名	最佳表现排名	平均跟踪股票数量	所属证券公司
王志杰	7	19	山西证券股份有限公司
王华君	8	30	浙商证券股份有限公司
杨绍辉	9	10	光大证券股份有限公司
满在朋	10	18	国金证券股份有限公司

在2018年5月1日至2023年4月30日这五年的期间内,持续跟踪工业—机械制造行业并作出每股收益预测的分析师有49名。由表3-29、表3-30可以看出,从平均预测准确性角度来看,排在前五名的分析师分别是:长城证券股份有限公司的邹兰兰、浙商证券股份有限公司的王华君、东吴证券股份有限公司的周尔双、光大证券股份有限公司的殷中枢和广发证券股份有限公司的郭鹏。从最佳预测准确性角度来看,排在前五名的分析师分别是:太平洋证券股份有限公司的刘国清、民生证券股份有限公司的李哲、中泰证券股份有限公司的冯胜、中航证券有限公司的邹润芳和招商证券股份有限公司的刘荣。

表3-31 五年期分析师预测准确性评价—平均表现(2018-05-01—2023-04-30)
行业:工业—环保

分析师姓名	平均表现排名	平均跟踪股票数量	所属证券公司
李想	1	2	中信证券股份有限公司
王玮嘉	2	14	华泰证券股份有限公司
郭鹏	3	15	广发证券股份有限公司
王颖婷	4	3	西南证券股份有限公司
陶贻功	5	6	中国银河证券股份有限公司
韩其成	6	1	国泰君安证券股份有限公司
徐强	7	12	国泰君安证券股份有限公司
杨心成	8	9	国盛证券有限责任公司
郭丽丽	9	9	天风证券股份有限公司
颜阳春	10	1	西南证券股份有限公司

表 3-32　五年期分析师预测准确性评价—最佳表现（2018-05-01—2023-04-30）

行业：工业—环保

分析师姓名	最佳表现排名	平均跟踪股票数量	所属证券公司
郭　鹏	1	15	广发证券股份有限公司
杨心成	2	9	国盛证券有限责任公司
王玮嘉	3	14	华泰证券股份有限公司
徐　强	4	12	国泰君安证券股份有限公司
郭丽丽	5	9	天风证券股份有限公司
袁　理	6	9	东吴证券股份有限公司
庞天一	7	7	华创证券有限责任公司
卢日鑫	8	4	东方证券股份有限公司
许　洁	9	11	广发证券股份有限公司
蔡　屹	10	7	兴业证券股份有限公司

在 2018 年 5 月 1 日至 2023 年 4 月 30 日这三年的期间内，持续跟踪工业—环保行业并作出每股收益预测的分析师有 19 名。由表 3-31、表 3-32 可以看出，从平均预测准确性角度来看，排在前五名的分析师分别是：中信证券股份有限公司的李想、华泰证券股份有限公司的王玮嘉、广发证券股份有限公司的郭鹏、西南证券股份有限公司的王颖婷和中国银河证券股份有限公司的陶贻功。从最佳预测准确性角度来看，排在前五名的分析师分别是：广发证券股份有限公司的郭鹏、国盛证券有限责任公司的杨心成、华泰证券股份有限公司的王玮嘉、国泰君安证券股份有限公司的徐强和天风证券股份有限公司的郭丽丽。

表 3-33　五年期分析师预测准确性评价—平均表现（2018-05-01—2023-04-30）

行业：工业—电力设备

分析师姓名	平均表现排名	平均跟踪股票数量	所属证券公司
曾朵红	1	36	东吴证券股份有限公司
阮巧燕	2	12	东吴证券股份有限公司
周尔双	3	5	东吴证券股份有限公司

(续表)

分析师姓名	平均表现排名	平均跟踪股票数量	所属证券公司
李 良	4	1	中国银河证券股份有限公司
方晏荷	5	2	华泰证券股份有限公司
邱祖学	6	3	民生证券股份有限公司
孙远峰	7	1	华西证券股份有限公司
王 芳	8	1	中泰证券股份有限公司
王华君	9	9	浙商证券股份有限公司
李可伦	10	23	中银国际证券股份有限公司

表 3-34 五年期分析师预测准确性评价—最佳表现(2018-05-01—2023-04-30)
行业：工业—电力设备

分析师姓名	最佳表现排名	平均跟踪股票数量	所属证券公司
曾朵红	1	36	东吴证券股份有限公司
王 磊	2	24	中邮证券有限责任公司
李可伦	3	23	中银国际证券股份有限公司
姚 遥	4	18	国金证券股份有限公司
游家训	5	28	招商证券股份有限公司
陈子坤	6	21	广发证券股份有限公司
皮 秀	7	16	平安证券股份有限公司
邓永康	8	42	民生证券股份有限公司
张一弛	9	25	海通证券股份有限公司
庞钧文	10	18	国泰君安证券股份有限公司

在 2018 年 5 月 1 日至 2023 年 4 月 30 日这五年的期间内，持续跟踪工业—电力设备行业并作出每股收益预测的分析师有 64 名。由表 3-33、表 3-34 可以看出，从平均预测准确性角度来看，排在前五名的分析师分别是：东吴证券股份有限公司的曾朵红、东吴证券股份有限公司的阮巧燕、东吴证券股份有限公司的周尔双、

中国银河证券股份有限公司的李良和华泰证券股份有限公司的方晏荷。从最佳预测准确性角度来看,排在前五名的分析师分别是:东吴证券股份有限公司的曾朵红、中邮证券有限责任公司的王磊、中银国际证券股份有限公司的李可伦、国金证券股份有限公司的姚遥和招商证券股份有限公司的游家训。

表 3-35　五年期分析师预测准确性评价—平均表现(2018-05-01—2023-04-30)
行业:工业—航空航天与国防

分析师姓名	平均表现排名	平均跟踪股票数量	所属证券公司
刘　凯	1	1	光大证券股份有限公司
王天一	2	9	东方证券股份有限公司
余　平	3	5	国盛证券有限责任公司
石　康	4	19	兴业证券股份有限公司
罗　楠	5	9	东方证券股份有限公司
王　超	6	14	招商证券股份有限公司
潘　暕	7	2	天风证券股份有限公司
张　超	8	15	中航证券有限公司
李　良	9	10	中国银河证券股份有限公司
彭　磊	10	8	国泰君安证券股份有限公司

表 3-36　五年期分析师预测准确性评价—最佳表现(2018-05-01—2023-04-30)
行业:工业—航空航天与国防

分析师姓名	最佳表现排名	平均跟踪股票数量	所属证券公司
石　康	1	19	兴业证券股份有限公司
王　超	2	14	招商证券股份有限公司
彭　磊	3	8	国泰君安证券股份有限公司
张恒晅	4	13	海通证券股份有限公司
李　良	5	10	中国银河证券股份有限公司
王天一	6	9	东方证券股份有限公司

（续表）

分析师姓名	最佳表现排名	平均跟踪股票数量	所属证券公司
张 超	7	15	中航证券有限公司
陈鼎如	8	11	中泰证券股份有限公司
陆 洲	9	12	华西证券股份有限公司
余 平	10	5	国盛证券有限责任公司

在 2018 年 5 月 1 日至 2023 年 4 月 30 日这五年的期间内，持续跟踪工业—航空航天与国防行业并作出每股收益预测的分析师有 18 名。由表 3-35、表 3-36 可以看出，从平均预测准确性角度来看，排在前五名的分析师分别是：光大证券股份有限公司的刘凯、东方证券股份有限公司的王天一、国盛证券有限责任公司的余平、兴业证券股份有限公司的石康和东方证券股份有限公司的罗楠。从最佳预测准确性角度来看，排在前五名的分析师分别是：兴业证券股份有限公司的石康、招商证券股份有限公司的王超、国泰君安证券股份有限公司的彭磊、海通证券股份有限公司的张恒晅和中国银河证券股份有限公司的李良。

表 3-37 五年期分析师预测准确性评价—平均表现（2018-05-01—2023-04-30）
行业：通信服务—通信服务（含电信服务、通信设备及技术服务）

分析师姓名	平均表现排名	平均跟踪股票数量	所属证券公司
刘 凯	1	11	光大证券股份有限公司
黄乐平	2	12	华泰证券股份有限公司
唐海清	3	25	天风证券股份有限公司
耿 琛	4	2	华创证券有限责任公司
余 俊	5	12	招商证券股份有限公司
宋嘉吉	6	11	国盛证券有限责任公司
石崎良	7	11	光大证券股份有限公司
陈宁玉	8	9	中泰证券股份有限公司
王奕红	9	16	天风证券股份有限公司
马天诣	10	18	民生证券股份有限公司

表3-38　五年期分析师预测准确性评价—最佳表现(2018-05-01—2023-04-30)
行业：通信服务—通信服务(含电信服务、通信设备及技术服务)

分析师姓名	最佳表现排名	平均跟踪股票数量	所属证券公司
唐海清	1	25	天风证券股份有限公司
刘　凯	2	11	光大证券股份有限公司
余　俊	3	12	招商证券股份有限公司
陈宁玉	4	9	中泰证券股份有限公司
石崎良	5	11	光大证券股份有限公司
黄乐平	6	12	华泰证券股份有限公司
宋嘉吉	7	11	国盛证券有限责任公司
马天诣	8	18	民生证券股份有限公司
王奕红	9	16	天风证券股份有限公司
赵良毕	10	12	中国银河证券股份有限公司

在2018年5月1日至2023年4月30日这五年的期间内，持续跟踪通信服务—通信服务(含电信服务、通信设备及技术服务)行业并作出每股收益预测的分析师有19名。由表3-37、表3-38可以看出，从平均预测准确性角度来看，排在前五名的分析师分别是：光大证券股份有限公司的刘凯、华泰证券股份有限公司的黄乐平、天风证券股份有限公司的唐海清、华创证券有限责任公司的耿琛和招商证券股份有限公司的余俊。从最佳预测准确性角度来看，排在前五名的分析师分别是：天风证券股份有限公司的唐海清、光大证券股份有限公司的刘凯、招商证券股份有限公司的余俊、中泰证券股份有限公司的陈宁玉和光大证券股份有限公司的石崎良。

表3-39　五年期分析师预测准确性评价—平均表现(2018-05-01—2023-04-30)
行业：通信服务—传媒

分析师姓名	平均表现排名	平均跟踪股票数量	所属证券公司
旷　实	1	16	广发证券股份有限公司
张　爽	2	7	天风证券股份有限公司
文　浩	3	13	天风证券股份有限公司

(续表)

分析师姓名	平均表现排名	平均跟踪股票数量	所属证券公司
顾 佳	4	12	招商证券股份有限公司
朱 珺	5	13	华泰证券股份有限公司
张良卫	6	12	东吴证券股份有限公司
周 钊	7	12	华泰证券股份有限公司
刘 言	8	19	西南证券股份有限公司
周良玖	9	6	东吴证券股份有限公司
夏 妍	10	11	国信证券股份有限公司

表 3-40 五年期分析师预测准确性评价—最佳表现(2018-05-01—2023-04-30)
行业：通信服务—传媒

分析师姓名	最佳表现排名	平均跟踪股票数量	所属证券公司
张 衡	1	13	国信证券股份有限公司
顾 佳	2	12	招商证券股份有限公司
刘 言	3	19	西南证券股份有限公司
毛云聪	4	19	海通国际证券集团有限公司
旷 实	5	16	广发证券股份有限公司
张良卫	6	12	东吴证券股份有限公司
朱 珺	7	13	华泰证券股份有限公司
张 爽	8	7	天风证券股份有限公司
夏 妍	9	11	国信证券股份有限公司
陈 筱	10	14	国泰君安证券股份有限公司

在 2018 年 5 月 1 日至 2023 年 4 月 30 日这五年的期间内，持续跟踪通信服务—传媒行业并作出每股收益预测的分析师有 26 名。由表 3-39、表 3-40 可以看出，从平均预测准确性角度来看，排在前五名的分析师分别是：广发证券股份有限公司的旷实、天风证券股份有限公司的张爽、天风证券股份有限公司的文浩、招商

证券股份有限公司的顾佳和华泰证券股份有限公司的朱珺。从最佳预测准确性角度来看，排在前五名的分析师分别是：国信证券股份有限公司的张衡、招商证券股份有限公司的顾佳、西南证券股份有限公司的刘言、海通国际证券集团有限公司的毛云聪和广发证券股份有限公司的旷实。

表3-41　五年期分析师预测准确性评价—平均表现(2018-05-01—2023-04-30)
行业：能源—能源

分析师姓名	平均表现排名	平均跟踪股票数量	所属证券公司
周　泰	1	19	民生证券股份有限公司
吴　杰	2	9	海通证券股份有限公司
白竣天	3	4	太平洋证券股份有限公司
戴元灿	4	8	海通证券股份有限公司
邓　勇	5	9	海通证券股份有限公司
刘　荣	6	1	招商证券股份有限公司
安　鹏	7	12	广发证券股份有限公司
范益民	8	1	华鑫证券有限责任公司
赵乃迪	9	9	光大证券股份有限公司
倪正洋	10	3	华泰证券股份有限公司

表3-42　五年期分析师预测准确性评价—最佳表现(2018-05-01—2023-04-30)
行业：能源—能源

分析师姓名	最佳表现排名	平均跟踪股票数量	所属证券公司
周　泰	1	19	民生证券股份有限公司
吴　杰	2	9	海通证券股份有限公司
安　鹏	3	12	广发证券股份有限公司
戴元灿	4	8	海通证券股份有限公司
翟　堃	5	16	国泰君安证券股份有限公司
邓　勇	6	9	海通证券股份有限公司

(续表)

分析师姓名	最佳表现排名	平均跟踪股票数量	所属证券公司
陈 晨	7	16	开源证券股份有限公司
宋 炜	8	9	广发证券股份有限公司
张樨樨	9	6	天风证券股份有限公司
李 淼	10	9	海通证券股份有限公司

在2018年5月1日至2023年4月30日这五年的期间内,持续跟踪能源—能源行业并作出每股收益预测的分析师有22名。由表3-41、表3-42可以看出,从平均预测准确性角度来看,排在前五名的分析师分别是:民生证券股份有限公司的周泰、海通证券股份有限公司的吴杰、太平洋证券股份有限公司的白竣天、海通证券股份有限公司的戴元灿和海通证券股份有限公司的邓勇。从最佳预测准确性角度来看,排在前五名的分析师分别是:民生证券股份有限公司的周泰、海通证券股份有限公司的吴杰、广发证券股份有限公司的安鹏、海通证券股份有限公司的戴元灿和国泰君安证券股份有限公司的翟堃。

表3-43 五年期分析师预测准确性评价—平均表现(2018-05-01—2023-04-30)
行业:金融—银行

分析师姓名	平均表现排名	平均跟踪股票数量	所属证券公司
梁凤洁	1	16	浙商证券股份有限公司
邱冠华	2	22	浙商证券股份有限公司
倪 军	3	21	广发证券股份有限公司
林加力	4	18	海通国际证券集团有限公司
屈 俊	5	21	广发证券股份有限公司
陈绍兴	6	15	兴业证券股份有限公司
孙 婷	7	19	海通证券股份有限公司
戴志锋	8	27	中泰证券股份有限公司
刘志平	9	12	华西证券股份有限公司
沈 娟	10	20	华泰证券股份有限公司

表 3-44　五年期分析师预测准确性评价—最佳表现(2018-05-01—2023-04-30)
行业：金融—银行

分析师姓名	最佳表现排名	平均跟踪股票数量	所属证券公司
倪　军	1	21	广发证券股份有限公司
邱冠华	2	22	浙商证券股份有限公司
戴志锋	3	27	中泰证券股份有限公司
屈　俊	4	21	广发证券股份有限公司
孙　婷	5	19	海通证券股份有限公司
王　剑	6	20	国信证券股份有限公司
梁凤洁	7	16	浙商证券股份有限公司
廖志明	8	23	招商证券股份有限公司
沈　娟	9	20	华泰证券股份有限公司
郭　懿	10	14	万联证券股份有限公司

在 2018 年 5 月 1 日至 2023 年 4 月 30 日这五年的期间内，持续跟踪金融—银行行业并作出每股收益预测的分析师有 20 名。由表 3-43、表 3-44 可以看出，从平均预测准确性角度来看，排在前五名的分析师分别是：浙商证券股份有限公司的梁凤洁、浙商证券股份有限公司的邱冠华、广发证券股份有限公司的倪军、海通证券股份有限公司的林加力和广发证券股份有限公司的屈俊。从最佳预测准确性角度来看，排在前五名的分析师分别是：广发证券股份有限公司的倪军、浙商证券股份有限公司的邱冠华、中泰证券股份有限公司的戴志锋、广发证券股份有限公司的屈俊和海通证券股份有限公司的孙婷。

表 3-45　五年期分析师预测准确性评价—平均表现(2018-05-01—2023-04-30)
行业：金融—非银金融(含保险、资本市场、其他金融)

分析师姓名	平均表现排名	平均跟踪股票数量	所属证券公司
孙　婷	1	22	海通证券股份有限公司
刘欣琦	2	14	国泰君安证券股份有限公司
胡　翔	3	8	东吴证券股份有限公司

(续表)

分析师姓名	平均表现排名	平均跟踪股票数量	所属证券公司
沈 娟	4	14	华泰证券股份有限公司
郑积沙	5	8	招商证券股份有限公司
武平平	6	5	中国银河证券股份有限公司
刘文强	7	9	长城证券股份有限公司
何 婷	8	15	海通证券股份有限公司
高 超	9	11	开源证券股份有限公司
夏昌盛	10	8	天风证券股份有限公司

表 3-46　五年期分析师预测准确性评价—最佳表现(2018-05-01—2023-04-30)
行业：金融—非银金融(含保险、资本市场、其他金融)

分析师姓名	最佳表现排名	平均跟踪股票数量	所属证券公司
郑积沙	1	8	招商证券股份有限公司
刘文强	2	9	长城证券股份有限公司
孙 婷	3	22	海通证券股份有限公司
刘欣琦	4	14	国泰君安证券股份有限公司
陈 福	5	12	广发证券股份有限公司
沈 娟	6	14	华泰证券股份有限公司
胡 翔	7	8	东吴证券股份有限公司
高 超	8	11	开源证券股份有限公司
夏昌盛	9	8	天风证券股份有限公司
武平平	10	5	中国银河证券股份有限公司

在 2018 年 5 月 1 日至 2023 年 4 月 30 日这五年的期间内,持续跟踪金融—非银金融(含保险、资本市场、其他金融)行业并作出每股收益预测的分析师有 24 名。由表 3-45、表 3-46 可以看出,从平均预测准确性角度来看,排在前五名的分析师分别是：海通证券股份有限公司的孙婷、国泰君安证券股份有限公司的刘欣琦、东

吴证券股份有限公司的胡翔、华泰证券股份有限公司的沈娟和招商证券股份有限公司的郑积沙。从最佳预测准确性角度来看，排在前五名的分析师分别是：招商证券股份有限公司的郑积沙、长城证券股份有限公司的刘文强、海通证券股份有限公司的孙婷、国泰君安证券股份有限公司的刘欣琦和广发证券股份有限公司的陈福。

表3-47　五年期分析师预测准确性评价—平均表现(2018-05-01—2023-04-30)
行业：房地产—房地产

分析师姓名	平均表现排名	平均跟踪股票数量	所属证券公司
沈嘉婕	1	2	群益证券(香港)有限公司
何缅南	2	8	光大证券股份有限公司
夏亦丰	3	3	中银国际证券股份有限公司
陈　慎	4	19	华泰证券股份有限公司
郭　镇	5	12	广发证券股份有限公司
乐加栋	6	12	广发证券股份有限公司
阎常铭	7	10	兴业证券股份有限公司
刘　璐	8	16	华泰证券股份有限公司
涂力磊	9	26	海通证券股份有限公司
齐　东	10	9	开源证券股份有限公司

表3-48　五年期分析师预测准确性评价—最佳表现(2018-05-01—2023-04-30)
行业：房地产—房地产

分析师姓名	最佳表现排名	平均跟踪股票数量	所属证券公司
涂力磊	1	26	海通证券股份有限公司
谢皓宇	2	11	国泰君安证券股份有限公司
何缅南	3	8	光大证券股份有限公司
乐加栋	4	12	广发证券股份有限公司
刘　璐	5	16	华泰证券股份有限公司

（续表）

分析师姓名	最佳表现排名	平均跟踪股票数量	所属证券公司
郭 镇	6	12	广发证券股份有限公司
陈 慎	7	19	华泰证券股份有限公司
任 鹤	8	10	国信证券股份有限公司
阎常铭	9	10	兴业证券股份有限公司
韩 笑	10	16	天风证券股份有限公司

在2018年5月1日至2023年4月30日这五年的期间内,持续跟踪房地产—房地产行业并作出每股收益预测的分析师有21名。由表3-47、表3-48可以看出,从平均预测准确性角度来看,排在前五名的分析师分别是:群益证券(香港)有限公司的沈嘉婕、光大证券股份有限公司的何缅南、中银国际证券股份有限公司的夏亦丰、华泰证券股份有限公司的陈慎和广发证券股份有限公司的郭镇。从最佳预测准确性角度来看,排在前五名的分析师分别是:海通证券股份有限公司的涂力磊、国泰君安证券股份有限公司的谢皓宇、光大证券股份有限公司的何缅南、广发证券股份有限公司的乐加栋和华泰证券股份有限公司的刘璐。

4 三年期证券公司预测准确性评价

4.1 数据来源与样本说明

三年期证券公司预测准确性评价的数据期间为2020年5月1日至2023年4月30日。证券公司预测准确性评分在其下属分析师预测准确性基础上汇总计算得出。所有分析师预测数据来源于CSMAR数据库，涉及指标包括分析师姓名、分析师编码、所属证券公司名称、预测公司证券代码、证券简称、预测终止日、预测每股收益及实际每股收益。分析师样本筛选原则同1.2节所述。在对证券公司预测准确性表现进行评价时，我们只对连续三年每年至少存在一名活动分析师的证券公司进行了排名。经上述筛选后，最终得到参与三年期证券公司预测准确性评价的证券公司共63家。

在对证券公司预测准确性进行评价时，我们从证券公司预测准确性综合评价和证券公司明星分析师数量两个角度进行评价，在分别从证券公司层面对分析师表现进行汇总得到每家证券公司每年度表现的基础上，对证券公司三年表现进行综合评价。

4.2 三年期证券公司预测准确性评价结果

表4-1 三年期证券公司预测准确性综合评价—平均表现维度（2020-05-01—2023-04-30）

证券公司名称	排名	年均分析师数量	年均研报数量
东吴证券股份有限公司	1	61	495
浙商证券股份有限公司	2	51	531
中邮证券有限责任公司	3	12	85
西部证券股份有限公司	4	13	118

(续表)

证券公司名称	排名	年均分析师数量	年均研报数量
开源证券股份有限公司	5	34	460
国开证券股份有限公司	6	4	13
安信证券股份有限公司	7	41	421
德邦证券股份有限公司	8	12	51
群益证券(香港)有限公司	9	8	83
国盛证券有限责任公司	10	78	565
国金证券股份有限公司	11	40	399
中原证券股份有限公司	12	11	102
华泰证券股份有限公司	13	76	759
招商证券股份有限公司	14	68	569
广发证券股份有限公司	15	94	693
中泰证券股份有限公司	16	63	586
国泰君安证券股份有限公司	17	130	823
华安证券股份有限公司	18	29	307
长城国瑞证券有限公司	19	5	14
信达证券股份有限公司	20	32	281
兴业证券股份有限公司	21	74	685
东方证券股份有限公司	22	51	346
浦银国际证券有限公司	23	5	9
上海证券有限责任公司	24	14	90
国元证券股份有限公司	25	15	204
中银国际证券股份有限公司	26	30	277
五矿证券有限公司	27	3	3
平安证券股份有限公司	28	37	201
华创证券有限责任公司	29	50	404
光大证券股份有限公司	30	52	628
国信证券股份有限公司	31	69	591

(续表)

证券公司名称	排名	年均分析师数量	年均研报数量
民生证券股份有限公司	32	72	608
首创证券股份有限公司	33	16	202
天风证券股份有限公司	34	78	942
海通证券股份有限公司	35	94	765
长城证券股份有限公司	36	43	298
西南证券股份有限公司	37	30	505
国联证券股份有限公司	38	7	68
中信证券股份有限公司	39	67	551
东方财富证券股份有限公司	40	9	221
华西证券股份有限公司	41	50	448
财信证券股份有限公司	42	11	149
华鑫证券有限责任公司	43	13	189
中航证券有限公司	44	22	124
方正证券股份有限公司	45	29	182
华金证券股份有限公司	46	15	137
万联证券股份有限公司	47	10	114
中国银河证券股份有限公司	48	36	283
太平洋证券股份有限公司	49	47	342
川财证券有限责任公司	50	5	67
东莞证券股份有限公司	51	16	106
渤海证券股份有限公司	52	10	43
申港证券股份有限公司	53	12	60
红塔证券股份有限公司	54	8	17
财通证券股份有限公司	55	14	121
华福证券有限责任公司	56	9	42
国海证券股份有限公司	57	29	221
万和证券股份有限公司	58	5	12

证券公司名称	排名	年均分析师数量	年均研报数量
山西证券股份有限公司	59	21	155
东兴证券股份有限公司	60	49	205
东海证券股份有限公司	61	6	8
第一上海证券有限公司	62	5	6
粤开证券股份有限公司	63	2	3

由表4-1可以看出,在2020年5月1日至2023年4月30日期间内,从分析师平均表现维度对证券公司预测准确性进行综合评价,排在前五名的证券公司分别是:东吴证券股份有限公司(年均活动分析师61名,年均发布研报495份)、浙商证券股份有限公司(年均活动分析师51名,年均发布研报531份)、中邮证券有限责任公司(年均活动分析师12名,年均发布研报85份)、西部证券股份有限公司(年均活动分析师13名,年均发布研报118份)和开源证券股份有限公司(年均活动分析师34名,年均发布研报460份)。

表4-2 三年期证券公司预测准确性综合评价—最佳表现维度(2020-05-01—2023-04-30)

证券公司名称	排名	年均分析师数量	年均研报数量
群益证券(香港)有限公司	1	8	83
川财证券有限责任公司	2	5	67
开源证券股份有限公司	3	34	460
光大证券股份有限公司	4	52	628
东方财富证券股份有限公司	5	9	221
中原证券股份有限公司	6	11	102
华泰证券股份有限公司	7	76	759
国信证券股份有限公司	8	69	591
国联证券股份有限公司	9	7	68
招商证券股份有限公司	10	68	569
海通证券股份有限公司	11	94	765
中泰证券股份有限公司	12	63	586
广发证券股份有限公司	13	94	693

（续表）

证券公司名称	排名	年均分析师数量	年均研报数量
天风证券股份有限公司	14	78	942
财信证券股份有限公司	15	11	149
兴业证券股份有限公司	16	74	685
国金证券股份有限公司	17	40	399
中国银河证券股份有限公司	18	36	283
浙商证券股份有限公司	19	51	531
西部证券股份有限公司	20	13	118
东吴证券股份有限公司	21	61	495
国泰君安证券股份有限公司	22	130	823
东方证券股份有限公司	23	51	346
东莞证券股份有限公司	24	16	106
首创证券股份有限公司	25	16	202
华创证券有限责任公司	26	50	404
华安证券股份有限公司	27	29	307
民生证券股份有限公司	28	72	608
国盛证券有限责任公司	29	78	565
华鑫证券有限责任公司	30	13	189
西南证券股份有限公司	31	30	505
财通证券股份有限公司	32	14	121
信达证券股份有限公司	33	32	281
上海证券有限责任公司	34	14	90
中银国际证券股份有限公司	35	30	277
国海证券股份有限公司	36	29	221
万联证券股份有限公司	37	10	114
平安证券股份有限公司	38	37	201
华西证券股份有限公司	39	50	448
安信证券股份有限公司	40	41	421

(续表)

证券公司名称	排名	年均分析师数量	年均研报数量
国元证券股份有限公司	41	15	204
长城证券股份有限公司	42	43	298
山西证券股份有限公司	43	21	155
中邮证券有限责任公司	44	12	85
东兴证券股份有限公司	45	49	205
太平洋证券股份有限公司	46	47	342
华金证券股份有限公司	47	15	137
中航证券有限公司	48	22	124
浦银国际证券有限公司	49	5	9
渤海证券股份有限公司	50	10	43
中信证券股份有限公司	51	67	551
长城国瑞证券有限公司	52	5	14
国开证券股份有限公司	53	4	13
德邦证券股份有限公司	54	12	51
申港证券股份有限公司	55	12	60
方正证券股份有限公司	56	29	182
华福证券有限责任公司	57	9	42
万和证券股份有限公司	58	5	12
红塔证券股份有限公司	59	8	17
五矿证券有限公司	60	3	3
第一上海证券有限公司	61	5	6
东海证券股份有限公司	62	6	8
粤开证券股份有限公司	63	2	3

  由表4-2可以看出,在2020年5月1日至2023年4月30日期间内,从分析师最佳表现维度对证券公司预测准确性进行综合评价,排在前五名的证券公司分别是:群益证券(香港)有限公司(年均活动分析师8名,年均发布研报83份)、川财证券有限责任公司(年均活动分析师5名,年均发布研报67份)、开源证券股份

有限公司(年均活动分析师 34 名,年均发布研报 460 份)、光大证券股份有限公司(年均活动分析师 52 名,年均发布研报 628 份)和东方财富证券股份有限公司(年均活动分析师 9 名,年均发布研报 221 份)。

表 4-3　三年期证券公司明星分析师席位排名—平均表现维度(2020-05-01—2023-04-30)

证券公司名称	排名	明星分析师总量	证券公司分析师总量	证券公司研报总量
广发证券股份有限公司	1	24	283	2 080
国盛证券有限责任公司	2	20	233	1 696
浙商证券股份有限公司	3	14	153	1 592
东吴证券股份有限公司	4	14	184	1 486
招商证券股份有限公司	5	14	203	1 707
天风证券股份有限公司	6	14	233	2 826
国泰君安证券股份有限公司	7	14	389	2 468
中泰证券股份有限公司	8	12	190	1 759
开源证券股份有限公司	9	11	103	1 379
国金证券股份有限公司	10	11	119	1 197
东方证券股份有限公司	11	10	154	1 037
海通证券股份有限公司	12	10	283	2 294
首创证券有限责任公司	13	9	49	607
信达证券股份有限公司	14	9	95	843
兴业证券股份有限公司	15	9	221	2 054
华泰证券股份有限公司	16	9	229	2 277
国信证券股份有限公司	17	8	208	1 772
华鑫证券有限责任公司	18	7	40	568
华西证券股份有限公司	19	7	151	1 343
光大证券股份有限公司	20	7	157	1 885
中信证券股份有限公司	21	7	202	1 652
华安证券股份有限公司	22	6	87	920
中国银河证券股份有限公司	23	6	107	849
东兴证券股份有限公司	24	6	146	615

(续表)

证券公司名称	排名	明星分析师总量	证券公司分析师总量	证券公司研报总量
群益证券(香港)有限公司	25	5	24	248
山西证券股份有限公司	26	5	64	465
安信证券股份有限公司	27	5	122	1 264
万和证券股份有限公司	28	4	16	36
东方财富证券股份有限公司	29	4	27	664
申港证券股份有限公司	30	4	37	180
西南证券股份有限公司	31	4	89	1 515
民生证券股份有限公司	32	4	215	1 824
西部证券股份有限公司	33	3	39	353
财通证券股份有限公司	34	3	43	364
华金证券股份有限公司	35	3	44	411
国元证券股份有限公司	36	3	46	611
长城证券股份有限公司	37	3	130	893
华创证券有限责任公司	38	3	151	1 211
川财证券有限责任公司	39	2	16	202
红塔证券股份有限公司	40	2	23	50
万联证券股份有限公司	41	2	30	341
中原证券股份有限公司	42	2	33	306
德邦证券股份有限公司	43	2	35	153
中航证券有限公司	44	2	65	373
中银国际证券股份有限公司	45	2	89	830
平安证券股份有限公司	46	2	112	602
太平洋证券股份有限公司	47	2	140	1 027
国开证券股份有限公司	48	1	12	39
浦银国际证券有限公司	49	1	14	26
长城国瑞证券有限公司	50	1	16	42
东海证券股份有限公司	51	1	19	25

(续表)

证券公司名称	排名	明星分析师总量	证券公司分析师总量	证券公司研报总量
国联证券股份有限公司	52	1	22	203
华福证券有限责任公司	53	1	26	126
渤海证券股份有限公司	54	1	30	129
财信证券股份有限公司	55	1	33	447
中邮证券有限责任公司	56	1	37	255
上海证券有限责任公司	57	1	41	271
东莞证券股份有限公司	58	1	47	317
方正证券股份有限公司	59	1	88	547
国海证券股份有限公司	60	1	88	664
粤开证券股份有限公司	61	0	5	10
五矿证券有限公司	62	0	9	8
第一上海证券有限公司	63	0	15	19

根据 1.2 节所属行业划分方法，2020-05-01—2023-04-30 三个年度 24 个行业共产生明星分析师 360 名[①]。由表 4-3 可以看出，在 2020 年 5 月 1 日至 2023 年 4 月 30 日期间内，从分析师平均表现维度评选明星分析师并在此基础上对证券公司实力进行评价，排在前五名的证券公司分别是：广发证券股份有限公司（拥有明星分析师累计 24 名，活动分析师累计 283 名，发布研报累计 2 080 份）、国盛证券有限责任公司（拥有明星分析师累计 20 名，活动分析师累计 233 名，发布研报累计 1 696 份）、浙商证券股份有限公司（拥有明星分析师累计 14 名，活动分析师累计 153 名，发布研报累计 1 592 份）、东吴证券股份有限公司（拥有明星分析师累计 14 名，活动分析师累计 184 名，发布研报累计 1 486 份）和招商证券股份有限公司（拥有明星分析师累计 14 名，活动分析师累计 203 名，发布研报累计 1 707 份）。天风证券股份有限公司（拥有明星分析师累计 14 名，活动分析师累计 233 名，发布研报累计 2 826 份）和国泰君安证券股份有限公司（拥有明星分析师累计 14 名，活动分析师累计 389 名，发布研报累计 2 468 份）因明星分析师席位相同，共同并列第五名。

---

① 因存在单期内拥有明星分析师但未能保证每期存在至少一名活动分析师而未被纳入三年评价的证券公司，表中列示的明星分析师数量总和小于 360。五年期证券公司评价同理。

表 4-4 三年期证券公司明星分析师席位排名—最佳表现维度(2020-05-01—2023-04-30)

证券公司名称	排名	明星分析师总量	证券公司分析师总量	证券公司研报总量
广发证券股份有限公司	1	26	283	2 080
兴业证券股份有限公司	2	18	221	2 054
华泰证券股份有限公司	3	17	229	2 277
浙商证券股份有限公司	4	14	153	1 592
光大证券股份有限公司	5	14	157	1 885
东吴证券股份有限公司	6	14	184	1 486
中泰证券股份有限公司	7	13	190	1 759
海通证券股份有限公司	8	13	283	2 294
开源证券股份有限公司	9	12	103	1 379
招商证券股份有限公司	10	12	203	1 707
国信证券股份有限公司	11	12	208	1 772
民生证券股份有限公司	12	12	215	1 824
国泰君安证券股份有限公司	13	12	389	2 468
国盛证券有限责任公司	14	11	233	1 696
安信证券股份有限公司	15	10	122	1 264
平安证券股份有限公司	16	9	112	602
国金证券股份有限公司	17	9	119	1 197
中信证券股份有限公司	18	8	202	1 652
天风证券股份有限公司	19	8	233	2 826
群益证券(香港)有限公司	20	7	24	248
中银国际证券股份有限公司	21	7	89	830
西南证券股份有限公司	22	7	89	1 515
中国银河证券股份有限公司	23	7	107	849
财信证券股份有限公司	24	5	33	447
西部证券股份有限公司	25	5	39	353
首创证券股份有限公司	26	5	49	607
太平洋证券股份有限公司	27	5	140	1 027

(续表)

证券公司名称	排名	明星分析师总量	证券公司分析师总量	证券公司研报总量
华创证券有限责任公司	28	5	151	1 211
山西证券股份有限公司	29	4	64	465
华西证券股份有限公司	30	4	151	1 343
中邮证券有限责任公司	31	3	37	255
华鑫证券有限责任公司	32	3	40	568
华金证券股份有限公司	33	3	44	411
华安证券股份有限公司	34	3	87	920
信达证券股份有限公司	35	3	95	843
东兴证券股份有限公司	36	3	146	615
国开证券股份有限公司	37	2	12	39
万联证券股份有限公司	38	2	30	341
中原证券股份有限公司	39	2	33	306
德邦证券股份有限公司	40	2	35	153
国元证券股份有限公司	41	2	46	611
国海证券股份有限公司	42	2	88	664
长城国瑞证券有限公司	43	1	16	42
国联证券股份有限公司	44	1	22	203
红塔证券股份有限公司	45	1	23	50
东方财富证券股份有限公司	46	1	27	664
东莞证券股份有限公司	47	1	47	317
中航证券有限公司	48	1	65	373
方正证券股份有限公司	49	1	88	547
长城证券股份有限公司	50	1	130	893
东方证券股份有限公司	51	1	154	1 037
粤开证券股份有限公司	52	0	5	10
五矿证券有限公司	53	0	9	8
浦银国际证券有限公司	54	0	14	26

(续表)

证券公司名称	排名	明星分析师总量	证券公司分析师总量	证券公司研报总量
第一上海证券有限公司	55	0	15	19
万和证券股份有限公司	56	0	16	36
川财证券有限责任公司	57	0	16	202
东海证券股份有限公司	58	0	19	25
华福证券有限责任公司	59	0	26	126
渤海证券股份有限公司	60	0	30	129
申港证券股份有限公司	61	0	37	180
上海证券有限责任公司	62	0	41	271
财通证券股份有限公司	63	0	43	364

根据1.2节所属行业划分方法,2020-05-01—2023-04-30三个年度24个行业共产生明星分析师360名。由表4-4可以看出,在2020年5月1日至2023年4月30日期间内,从分析师最佳表现维度评选明星分析师并在此基础上对证券公司实力进行评价,排在前五名的证券公司分别是:广发证券股份有限公司(拥有明星分析师累计26名,活动分析师累计283名,发布研报累计2 080份)、兴业证券股份有限公司(拥有明星分析师累计18名,活动分析师累计221名,发布研报累计2 054份)、华泰证券股份有限公司(拥有明星分析师累计17名,活动分析师累计229名,发布研报累计2 277份)、浙商证券股份有限公司(拥有明星分析师累计14名,活动分析师累计153名,发布研报累计1 592份)和光大证券股份有限公司(拥有明星分析师累计14名,活动分析师累计157名,发布研报累计1 885份)。东吴证券股份有限公司(拥有明星分析师累计14名,活动分析师累计184名,发布研报累计1 486份)因明星分析师席位相同,共同并列第五名。

5 五年期证券公司预测准确性评价

5.1 数据来源与样本说明

　　五年期证券公司预测准确性评价的数据期间为 2018 年 5 月 1 日至 2023 年 4 月 30 日。证券公司预测准确性评分在其下属分析师预测准确性基础上汇总计算得出。所有分析师预测数据来源于 CSMAR 数据库,涉及指标包括分析师姓名、分析师编码、所属证券公司名称、预测公司证券代码、证券简称、预测终止日、预测每股收益及实际每股收益。分析师样本筛选原则同 1.2 节所述。在对证券公司预测准确性表现进行评价时,我们只对连续五年每年至少存在一名活动分析师的证券公司进行了排名。经上述筛选后,最终得到参与五年期证券公司预测准确性评价的证券公司共 56 家。

　　在对证券公司预测准确性进行评价时,我们从证券公司预测准确性综合评价和证券公司明星分析师数量两个角度进行评价,在分别从证券公司层面对分析师表现进行汇总得到每家证券公司每年度表现的基础上,对证券公司五年表现进行综合评价。

5.2 五年期证券公司预测准确性评价结果

表 5-1　五年期证券公司预测准确性综合评价—平均表现维度(2018-05-01—2023-04-30)

证券公司名称	排名	平均分析师数量	平均研报数量
德邦证券股份有限公司	1	9	48
东吴证券股份有限公司	2	50	430
西部证券股份有限公司	3	13	97
国盛证券有限责任公司	4	64	479

(续表)

证券公司名称	排名	平均分析师数量	平均研报数量
国金证券股份有限公司	5	38	363
开源证券股份有限公司	6	25	293
安信证券股份有限公司	7	49	493
浙商证券股份有限公司	8	43	387
广发证券股份有限公司	9	90	655
中泰证券股份有限公司	10	63	566
群益证券(香港)有限公司	11	9	86
华泰证券股份有限公司	12	75	694
招商证券股份有限公司	13	73	585
国泰君安证券股份有限公司	14	129	847
兴业证券股份有限公司	15	73	652
华创证券有限责任公司	16	49	427
光大证券股份有限公司	17	58	583
中邮证券有限责任公司	18	9	78
东方证券股份有限公司	19	45	309
中银国际证券股份有限公司	20	31	279
国信证券股份有限公司	21	60	532
国开证券股份有限公司	22	4	15
平安证券股份有限公司	23	39	227
上海证券有限责任公司	24	14	116
天风证券股份有限公司	25	80	871
长城证券股份有限公司	26	46	283
中信证券股份有限公司	27	66	579
海通证券股份有限公司	28	93	687
西南证券股份有限公司	29	32	499
信达证券股份有限公司	30	32	221
中原证券股份有限公司	31	10	101

(续表)

证券公司名称	排名	平均分析师数量	平均研报数量
国元证券股份有限公司	32	17	168
民生证券股份有限公司	33	67	519
财信证券股份有限公司	34	11	168
方正证券股份有限公司	35	37	298
川财证券有限责任公司	36	7	76
华金证券股份有限公司	37	16	150
东莞证券股份有限公司	38	15	116
长城国瑞证券有限公司	39	6	21
国联证券股份有限公司	40	13	114
太平洋证券股份有限公司	41	52	368
华鑫证券有限责任公司	42	11	142
财通证券股份有限公司	43	15	158
华安证券股份有限公司	44	20	194
中国银河证券股份有限公司	45	30	248
渤海证券股份有限公司	46	13	59
国海证券股份有限公司	47	24	253
万联证券股份有限公司	48	9	115
东方财富证券股份有限公司	49	7	153
中航证券有限公司	50	20	96
东兴证券股份有限公司	51	44	281
山西证券股份有限公司	52	19	123
首创证券股份有限公司	53	11	124
东海证券股份有限公司	54	6	11
红塔证券股份有限公司	55	5	11
粤开证券股份有限公司	56	6	52

由表5-1可以看出，在2018年5月1日至2023年4月30日期间内，从分析师平均表现维度对证券公司预测准确性进行综合评价，排在前五名的证券公司分

别是：德邦证券股份有限公司(年均活动分析师 9 名,年均发布研报 48 份)、东吴证券股份有限公司(年均活动分析师 50 名,年均发布研报 430 份)、西部证券股份有限公司(年均活动分析师 13 名,年均发布研报 97 份)、国盛证券有限责任公司(年均活动分析师 64 名,年均发布研报 479 份)和国金证券股份有限公司(年均活动分析师 38 名,年均发布研报 363 份)。

表 5-2　五年期证券公司预测准确性综合评价—最佳表现维度(2018-05-01—2023-04-30)

证券公司名称	排名	平均分析师数量	平均研报数量
川财证券有限责任公司	1	7	76
群益证券(香港)有限公司	2	9	86
开源证券股份有限公司	3	25	293
华泰证券股份有限公司	4	75	694
国信证券股份有限公司	5	60	532
光大证券股份有限公司	6	58	583
西南证券股份有限公司	7	32	499
广发证券股份有限公司	8	90	655
东吴证券股份有限公司	9	50	430
财信证券有限公司	10	11	168
华创证券有限责任公司	11	49	427
天风证券股份有限公司	12	80	871
中邮证券有限责任公司	13	9	78
中原证券股份有限公司	14	10	101
海通证券股份有限公司	15	93	687
中泰证券股份有限公司	16	63	566
国泰君安证券股份有限公司	17	129	847
国盛证券有限责任公司	18	64	479
国金证券股份有限公司	19	38	363
招商证券股份有限公司	20	73	585
东莞证券股份有限公司	21	15	116
兴业证券股份有限公司	22	73	652

（续表）

证券公司名称	排名	平均分析师数量	平均研报数量
中国银河证券股份有限公司	23	30	248
财通证券股份有限公司	24	15	158
上海证券有限责任公司	25	14	116
万联证券股份有限公司	26	9	115
东方证券股份有限公司	27	45	309
浙商证券股份有限公司	28	43	387
中银国际证券股份有限公司	29	31	279
国海证券股份有限公司	30	24	253
安信证券股份有限公司	31	49	493
民生证券股份有限公司	32	67	519
平安证券股份有限公司	33	39	227
国联证券股份有限公司	34	13	114
西部证券股份有限公司	35	13	97
华金证券股份有限公司	36	16	150
长城证券股份有限公司	37	46	283
东方财富证券股份有限公司	38	7	153
东兴证券股份有限公司	39	44	281
中信证券股份有限公司	40	66	579
信达证券股份有限公司	41	32	221
山西证券股份有限公司	42	19	123
华鑫证券有限责任公司	43	11	142
太平洋证券股份有限公司	44	52	368
国元证券股份有限公司	45	17	168
德邦证券股份有限公司	46	9	48
首创证券股份有限公司	47	11	124
渤海证券股份有限公司	48	13	59
华安证券股份有限公司	49	20	194

(续表)

证券公司名称	排名	平均分析师数量	平均研报数量
方正证券股份有限公司	50	37	298
长城国瑞证券有限公司	51	6	21
中航证券有限公司	52	20	96
国开证券股份有限公司	53	4	15
粤开证券股份有限公司	54	6	52
东海证券股份有限公司	55	6	11
红塔证券股份有限公司	56	5	11

由表5-2可以看出，在2018年5月1日至2023年4月30日期间内，从分析师最佳表现维度对证券公司预测准确性进行综合评价，排在前五名的证券公司分别是：川财证券有限责任公司（年均活动分析师7名，年均发布研报76份）、群益证券（香港）有限公司（年均活动分析师9名，年均发布研报86份）、开源证券股份有限公司（年均活动分析师25名，年均发布研报293份）、华泰证券股份有限公司（年均活动分析师75名，年均发布研报694份）和国信证券股份有限公司（年均活动分析师60名，年均发布研报532份）。

表5-3　五年期证券公司明星分析师席位排名—平均表现维度(2018-05-01—2023-04-30)

证券公司名称	排名	明星分析师总量	证券公司分析师总量	证券公司研报总量
广发证券股份有限公司	1	31	451	3 276
天风证券股份有限公司	2	30	398	4 353
国盛证券有限责任公司	3	25	322	2 393
东吴证券股份有限公司	4	23	250	2 149
国泰君安证券股份有限公司	5	23	644	4 235
浙商证券股份有限公司	6	20	216	1 934
招商证券股份有限公司	7	20	366	2 927
国金证券股份有限公司	8	17	190	1 813
光大证券股份有限公司	9	16	290	2 917
安信证券股份有限公司	10	15	243	2 463
中泰证券股份有限公司	11	15	315	2 831

(续表)

证券公司名称	排名	明星分析师总量	证券公司分析师总量	证券公司研报总量
兴业证券股份有限公司	12	15	364	3 258
海通证券股份有限公司	13	14	463	3 436
东兴证券股份有限公司	14	13	218	1 404
信达证券股份有限公司	15	12	162	1 105
中信证券股份有限公司	16	12	331	2 895
开源证券股份有限公司	17	11	123	1 467
国信证券股份有限公司	18	11	301	2 659
华泰证券股份有限公司	19	11	373	3 472
西南证券股份有限公司	20	10	161	2 493
东方证券股份有限公司	21	10	227	1 543
民生证券股份有限公司	22	10	334	2 593
首创证券有限责任公司	23	9	53	620
华金证券股份有限公司	24	9	82	752
山西证券股份有限公司	25	9	96	617
中国银河证券股份有限公司	26	9	151	1 240
方正证券股份有限公司	27	9	185	1 491
华鑫证券有限责任公司	28	8	55	712
华安证券股份有限公司	29	8	100	970
群益证券(香港)有限公司	30	7	44	430
中银国际证券股份有限公司	31	7	154	1 396
太平洋证券股份有限公司	32	7	259	1 840
西部证券股份有限公司	33	6	64	486
东莞证券股份有限公司	34	6	75	581
国联证券股份有限公司	35	5	64	570
国元证券股份有限公司	36	5	83	842
川财证券有限责任公司	37	4	34	380
东方财富证券股份有限公司	38	4	36	763

(续表)

证券公司名称	排名	明星分析师总量	证券公司分析师总量	证券公司研报总量
中邮证券有限责任公司	39	4	44	390
德邦证券股份有限公司	40	4	45	239
中航证券有限公司	41	4	99	482
长城证券股份有限公司	42	4	232	1 417
万联证券股份有限公司	43	3	46	577
上海证券有限责任公司	44	3	72	581
财通证券股份有限公司	45	3	73	792
平安证券股份有限公司	46	3	195	1 135
华创证券有限责任公司	47	3	246	2 134
红塔证券股份有限公司	48	2	26	54
中原证券股份有限公司	49	2	49	506
国海证券股份有限公司	50	2	121	1 263
国开证券有限公司	51	1	21	76
长城国瑞证券有限公司	52	1	31	104
东海证券股份有限公司	53	1	32	55
财信证券有限公司	54	1	53	841
渤海证券股份有限公司	55	1	67	297
粤开证券股份有限公司	56	0	30	259

根据 1.2 节所述行业划分方法，2018-05-01—2023-04-30 五个年度 24 个行业共产生明星分析师 518 名。由表 5-3 可以看出，在 2018 年 5 月 1 日至 2023 年 4 月 30 日期间内，从分析师平均表现维度评选明星分析师并在此基础上对证券公司实力进行评价，排在前五名的证券公司分别是：广发证券股份有限公司（拥有明星分析师累计 31 名，活动分析师累计 451 名，发布研报累计 3 276 份）、天风证券股份有限公司（拥有明星分析师累计 30 名，活动分析师累计 398 名，发布研报累计 4 353 份）、国盛证券有限责任公司（拥有明星分析师累计 25 名，活动分析师累计 322 名，发布研报累计 2 393 份）、东吴证券股份有限公司（拥有明星分析师累计 23 名，活动分析师累计 250 名，发布研报累计 2 149 份）和国泰君安证券股份有限公司（拥有明星分析师累计 23 名，活动分析师累计 644 名，发布研报累计

4 235 份）。

表 5-4　五年期证券公司明星分析师席位排名—最佳表现维度(2018-05-01—2023-04-30)

证券公司名称	排名	明星分析师总量	证券公司分析师总量	证券公司研报总量
广发证券股份有限公司	1	37	451	3 276
兴业证券股份有限公司	2	29	364	3 258
国泰君安证券股份有限公司	3	24	644	4 235
招商证券股份有限公司	4	22	366	2 927
华泰证券股份有限公司	5	21	373	3 472
中泰证券股份有限公司	6	20	315	2 831
国信证券股份有限公司	7	19	301	2 659
国盛证券有限责任公司	8	19	322	2 393
安信证券股份有限公司	9	18	243	2 463
中信证券股份有限公司	10	18	331	2 895
东吴证券股份有限公司	11	17	250	2 149
光大证券股份有限公司	12	17	290	2 917
浙商证券股份有限公司	13	16	216	1 934
民生证券股份有限公司	14	15	334	2 593
海通证券股份有限公司	15	15	463	3 436
国金证券股份有限公司	16	14	190	1 813
天风证券股份有限公司	17	14	398	4 353
中国银河证券股份有限公司	18	13	151	1 240
中银国际证券股份有限公司	19	13	154	1 396
平安证券股份有限公司	20	13	195	1 135
华创证券有限责任公司	21	13	246	2 134
开源证券股份有限公司	22	12	123	1 467
西南证券股份有限公司	23	12	161	2 493
群益证券(香港)有限公司	24	10	44	430
方正证券股份有限公司	25	9	185	1 491
财信证券股份有限公司	26	8	53	841

（续表）

证券公司名称	排名	明星分析师总量	证券公司分析师总量	证券公司研报总量
华金证券股份有限公司	27	8	82	752
东兴证券股份有限公司	28	8	218	1 404
太平洋证券股份有限公司	29	8	259	1 840
西部证券股份有限公司	30	7	64	486
首创证券股份有限公司	31	5	53	620
国海证券股份有限公司	32	5	121	1 263
中邮证券有限责任公司	33	4	44	390
万联证券股份有限公司	34	4	46	577
华鑫证券有限责任公司	35	4	55	712
国元证券股份有限公司	36	4	83	842
山西证券股份有限公司	37	4	96	617
国开证券股份有限公司	38	3	21	76
德邦证券股份有限公司	39	3	45	239
东莞证券股份有限公司	40	3	75	581
华安证券股份有限公司	41	3	100	970
信达证券股份有限公司	42	3	162	1 105
长城证券股份有限公司	43	3	232	1 417
粤开证券股份有限公司	44	2	30	259
东方财富证券股份有限公司	45	2	36	763
中原证券股份有限公司	46	2	49	506
国联证券股份有限公司	47	2	64	570
财通证券股份有限公司	48	2	73	792
东方证券股份有限公司	49	2	227	1 543
红塔证券股份有限公司	50	1	26	54
长城国瑞证券有限公司	51	1	31	104
川财证券有限责任公司	52	1	34	380
渤海证券股份有限公司	53	1	67	297

（续表）

证券公司名称	排名	明星分析师总量	证券公司分析师总量	证券公司研报总量
中航证券有限公司	54	1	99	482
东海证券股份有限公司	55	0	32	55
上海证券有限责任公司	56	0	72	581

根据1.2节所述行业划分方法，2018-05-01—2023-04-30五个年度共产生明星分析师534名。由表5-4可以看出，在2018年5月1日至2023年4月30日期间内，从分析师最佳表现维度评选明星分析师并在此基础上对证券公司实力进行评价，排在前五名的证券公司分别是：广发证券股份有限公司（拥有明星分析师累计37名，活动分析师累计451名，发布研报累计3 276份）、兴业证券股份有限公司（拥有明星分析师累计29名，活动分析师累计364名，发布研报累计3 258份）、国泰君安证券股份有限公司（拥有明星分析师累计24名，活动分析师累计644名，发布研报累计4 235份）、招商证券股份有限公司（拥有明星分析师累计22名，活动分析师累计366名，发布研报累计2 927份）和华泰证券股份有限公司（拥有明星分析师累计21名，活动分析师累计373名，发布研报累计3 472份）。

6　2023年度中国证券分析师与证券公司预测准确性评价总结

我们提出的中国证券分析师与证券公司预测准确性评价（Earnings Forecast Accuracy Rating for Chinese Security Analyst & Securities Firm，EFA Rating），通过可验证的关键指标预测能力对证券分析师及证券公司进行评价。通过这一评价体系，投资者可以了解分析师每股收益预测准确性在同行业证券分析师中的相对排名，证券公司预测能力的整体表现及拥有明星分析师的席位数量，并可以通过对比证券公司体量与其明星分析师数量的比值关系进一步观察证券公司的整体风格及明星分析师产出效率。

本书运用 2018-05-01—2023-04-30 期间内证券分析师发布的针对沪深A股上市公司的每股收益预测数据，利用我们设计的证券分析师及证券公司每股收益预测准确性排名的算法，分别计算出三年期及五年期不同时间跨度上证券分析师及证券公司的 EFA Rating 排名情况。在通过对不同期间证券分析师及证券公司的排名观察后，我们可以看到，尽管资本市场证券分析师群体体量庞大，但证券分析师群体内人员流动性较大，在本书样本中，能够在行业内持续"存活"五年的证券分析师约占统计期间期末存量的 29%，与前三年[①]相比，分析师"存活"率有所上升。从对证券公司不同维度的排名中横向上可以观察到不同证券公司的风格差异，纵向上也可以观察到国内证券公司的发展情况和实力变化。

本书试图提供一种更加客观、透明、可验证的证券分析师评价方法，但受数据可得性、可比性等因素制约，我们的评价范围仅覆盖了对A股上市公司做出预测的公司研究、行业研究分析师，未将宏观经济、策略研究、金融工程等方向的分析师纳入评价范围；同时，在评价过程中未考虑分析师做出的投资建议及其他定性信息，存在一定局限性。但每股收益作为综合反映企业经营成果的关键财务指标，是投资者重点关注的关键指标；同时因其综合性较强，可以反映分析师对股票的整体判断，因而与本书未能覆盖到的评级及定性信息具有高度的一致性，因此我们认为

---

① 相关数据详见《中国证券分析师与证券公司预测准确性评价研究 2019—2022》

采用每股收益预测作为判断分析师预测准确性的唯一指标可能存在部分信息损失,但整体上是客观、合理、可信的。对于评价方法中存在的不足,我们将在后继年度的中国证券分析师与证券公司预测准确性评价中不断改进完善。